coleção primeiros passos 286

Ana Maria Alfonso-Goldfarb

# O QUE É HISTÓRIA DA CIÊNCIA

editora brasiliense

Copyright © by Ana Maria Alfonso-Goldfarb, 1994
*Nenhuma parte desta publicação pode ser gravada,
armazenada em sistemas eletrônicos, fotocopiada,
reproduzida por meios mecânicos ou outros quaisquer
sem autorização prévia do editor.*

Primeira edição, 1994
5ª reimpressão, 2010

Coordenação editorial: *Floriano Jonas Cesar*
Revisão: *Agnaldo A. Oliveira e Carem T. S. Costa*
Capa: *Emílio Damiani*

**Dados Internacionais de Catalogação na Publicação (CIP)
(Câmara Brasileira do Livro, SP, Brasil)**

Alfonso-Goldfarb, Ana Maria
 O que é história da ciência / Ana Maria Alfonso-Goldfarb.
– São Paulo: Brasiliense, 2004. – (Coleção Primeiros Passos ; 286)

4ª reimpr. da 1ª ed. de 1994.
ISBN 978-85-11-01286-6

1. Ciência 2. Ciência – História I. Título. II. Série.

03-1350                                                            CDD-509

Índices para catálogo sistemático:

1. Ciência : História       509

**editora brasiliense ltda.**
Rua Mourato Coelho, 111
CEP 05417-010 – São Paulo – SP
www.editorabrasiliense.com.br

# SUMÁRIO

Introdução.................................................................. 7
Caminhos primeiros: uma imagem no espelho da
própria ciência ............................................................ 15
Caminhos contemporâneos: espaço independente de
reflexão sobre a ciência .............................................. 68
Indicações para leitura ................................................ 91
Sobre a autora............................................................. 95

*Ao mais que querido mestre dos mestres
em história da ciência,
Simão Mathias* (in memoriam)

# INTRODUÇÃO

### Complicando o que parecia simples

Não deveria ser difícil entender do que trata a História da Ciência, pois o próprio nome já parece explicar tudo. Afinal, Ciência e História são formas de conhecimento sobre as quais quase todos têm alguma *intuição.*

Você pode não saber nada sobre Ciência, mas compreende quando alguém diz que *a cura para tal e tal doença está sendo cientificamente estudada.* Ou que *não existe uma teoria científica para provar a telepatia.* Enfim, mesmo não sabendo dizer o que é Ciência, você acredita que todos os termos a ela relacionados – científico(a), cientificamente, cientista, cientificismo... – têm a ver com algo objetivo, sério, exato, e quase sempre importante e verdadeiro.

Raciocínio semelhante acontece quando alguém pergunta o que é História. Embora na cabeça das pessoas existam ideias muito diferentes sobre História, também, como no caso da Ciência, todos acreditam saber por *intuição* o que seria História. Você pode confundir Alexandre Magno com Carlos Magno. Mas, pelo menos, você deve saber que esses homens são personagens históricas, que existiram de verdade e, portanto, diferentes das personagens de ficção.

O problema é que intuindo o que é Ciência e o que é História, mas não conseguindo esclarecer, o mais provável é que você consiga menos ainda exemplificar o que é História da Ciência. Ocorre que as coisas não são tão simples assim. Ou seja, não se trata de uma questão de *saber* ou *não saber,* e pronto!

Não basta juntar História e Ciência para que o resultado final provavelmente seja História da Ciência. E isso não acontece só porque a junção ou a combinação de duas coisas diferentes quase sempre produz uma terceira com características próprias, embora se *pareça* com as que lhe deram origem. Isto é verdade para o caso de você, seu pai e sua mãe; para a planta com enxerto do jardim; e também para a ligação entre teorias. Mas, no caso da História da Ciência, a complicação é ainda maior, porque a História da Ciência, que se desenvolveu no interior da Ciência, sempre esteve mais próxima da Filosofia (Lógica, Epistemologia, Filosofia da Linguagem), do que da História. Para falar a verdade, até trinta ou quarenta anos atrás, a História da Ciência tinha bem pouco de *histórico* (dos métodos e dos procedimentos da História). Quando, finalmente, a História da Ciência passou a usar pra valer métodos e procedimentos próprios da História, ela já havia se desenvolvido muito, com defeitos e qualidades próprias.

A História da Ciência ficou assim durante algum tempo, como uma estranha no interior dos estudos históricos. Aos poucos foi assimilando, filtrando e adaptando elementos da História, que combinava com outros elementos da Sociologia, da Antropologia e de várias ciências humanas. A entrada desses novos elementos no corpo da História da Ciência deu também um novo *sabor* aos componentes da Ciência e da Filosofia que de longa data combinavam-se para formar essa área de estudos. O resultado que temos hoje é uma História da Ciência complexa e com muitas faces, sem com isso ter se transformado numa *colcha de retalhos.*

Métodos e processos foram criados para que a História da Ciência pudesse adaptar, de maneira harmoniosa, esses conhecimentos variados vindos das diversas áreas. Formou-se assim um campo original de pesquisa com vida própria e tudo o mais, e, ao mesmo tempo, em constante comunicação com essas áreas que emprestaram seus conhecimentos à História da Ciência.

A essa altura, você deve estar pensando que agora não terá como saber o que é História da Ciência. No começo parecia que o próprio nome já explicava o assunto. Depois foi descobrindo que essa aparente facilidade no nome escondia questões muito complicadas. Como entender algumas dessas questões sem ter que ler meia biblioteca, ou se transformar num especialista? Como sanar este problema?

Vou contar uma história: a história da História da Ciência. Desse modo você poderá entender o longo processo histórico de transformação e mudanças que justifica a História da Ciência levar esse nome. Com essa história, você terá a possibilidade de acompanhar os contornos do labirinto que foram formando a História da Ciência. E, assim, quando um dia você quiser ou precisar, será mais fácil encontrar seu próprio caminho nesse labirinto.

## Contando a história de uma história

Filosofia Natural, Magia Universal, Nova Ciência, Filosofia Experimental: esses foram alguns dos nomes com que se tentou batizar, entre os séculos XVI e XVII, o que hoje chamamos de Ciência Moderna. Muitas caras, além de muitos nomes, teve a Ciência naquela época. Ela estava nascendo e havia muita discussão e debates intermináveis a respeito de quais seriam seus pontos de apoio, seus temas principais etc.

Por exemplo, alguns achavam que a Ciência deveria retomar os conhecimentos clássicos. Aqueles que surgiram na Grécia antiga – por pensadores que vão de Tales de Mileto e Aristóteles – e passaram para a civilização helenística e o mundo romano (daí que alguns estudiosos chamem esse período de clássico greco-romano). Já outros pensavam que o melhor seria acabar com os conhecimentos clássicos, começar da estaca zero e ouvir da própria natureza o que ela teria a *contar*.

Entre esses dois casos extremos havia centenas de opiniões intermediárias, levantadas por grupos – que normalmente chamamos correntes, linhas ou escolas de pensamento – ou apenas por um único indivíduo. Essas origens complicadas da Ciência Moderna levaram a muitos debates, em que todos queriam ter razão e impor seu modelo para a Ciência que estava nascendo. Muitos usavam histórias (ou estórias) bem singulares para justificar suas ideias. Outros contavam a história (ou a crônica) daquilo que estavam desenvolvendo em termos de ciência, e com isso acreditavam ter argumentos mais fortes no debate.

A História da Ciência nasce, assim, ligada à própria Ciência. Muito mais do que uma história, ela é uma justificativa da Ciência que estava se formando, e tem, portanto, o perfil do debate que está gerando esta formação.

Entre os séculos XVIII e XIX, o debate vai chegando a seu final (pelo menos oficialmente...), e vão se tornando também oficiais as "regras do jogo" em Ciência. A Ciência vai criando um perfil único, cada vez mais parecido com aquele que quase todos conhecem agora. É no século XIX que se cria o termo ciência em seu sentido moderno (a palavra ciência é muito antiga, tem origem latina, e quer dizer conhecimento em geral). E a palavra cientista passa a ser usada para nomear aqueles que se dedicam a estudos específicos. São eles, portanto, *especialistas* que não podem ser confundidos com filósofos ou técnicos que antes circulavam pelas áreas mais amplas e indefinidas da Filosofia Natural ou da Filosofia Experimental. E esses *outros* passaram a se relacionar só indiretamente com a Ciência Moderna.

A Ciência desse período já sabia para que veio e passa a influenciar desde a mudança de currículo das escolas até o desenvolvimento das nações (quem não tivesse uma boa Ciência – como até hoje... – perdia o *trem da História).* Nessa fase a Ciência não precisava ser justificada; ela era *oficial* e tinha o rosto do futuro do planeta. A História da Ciência, sempre ligada à Ciência, passa também por essa transformação. Novamente ela não será uma forma de História, mas uma crônica interna da ciência. Essa espécie de crônica serviria para ajudar os mestres que ensinavam Ciência, tanto por meio de livros quanto *ao vivo,* a dar exemplos do que fora *certo* e do que fora *errado* no desenvolvimento da Ciência. E *certo* era tudo aquilo que se transformara na Ciência daquele momento; *errado,* tudo aquilo que *atrapalhou* a Ciência para chegar àquele estágio e, portanto, deveria ser evitado, ou no mínimo esquecido.

A História da Ciência será assim exemplo edificante para os jovens estudantes e motivo de orgulho para os cientistas. Pois, por meio dela, era possível saber como a ciência *ganhou* muitas batalhas contra a ignorância, a religião e o misticismo, seus eternos inimigos. Mas como a Ciência era o *futuro,* esse *passado glorioso* foi ficando cada vez mais para trás. Como se fosse um enfeite, aquilo que os professores chamam de *perfumaria, a* História da Ciência foi se tornando pouco importante para quem quisesse aprender ciência *de verdade.*

Mas a Ciência que parecia um corpo de conhecimentos quase prontos e acabados passou ainda por sérias transformações no século XX. Do lado de dentro da Ciência, novas teorias que não eram simplesmente o complemento de anteriores surgiram. E também do lado de fora aumentou a pressão. Guerras que se tornavam cada vez mais terríveis com auxílio dos conhecimentos científicos, a poluição que aumentava com os avanços da Tecnologia, tudo isso fazia com que fosse necessária uma crítica, uma revisão dos critérios da Ciência.

Criticar, aliás, quer dizer analisar os critérios (normas, regras, princípios) de alguma coisa. E se alguns desses critérios tiverem problemas, incluir sugestões para sua modificação. Criticar, portanto, não é simplesmente *pichar* algo de que não estamos gostando. Sendo assim, os instrumentos mais afiados para se fazer uma crítica da Ciência estavam com a História da Ciência. Tendo convivido intimamente com a Ciência e suas transformações durante séculos, a História da Ciência conhecia como quase nenhuma outra área de estudos os processos internos dela.

Era preciso, agora, que a História da Ciência ganhasse uma dimensão verdadeiramente histórica para que ela pudesse fazer sua crítica ao longo processo, no tempo, vivido pela Ciência. Contando e recontando as muitas histórias de que se fez a Ciência, foi possível entender problemas, saltos e falhas que haviam ficado apagados pela aparente continuidade do progresso científico.

Embora envolva muitos problemas, gostaria que ficasse a imagem de uma História da Ciência complexa mas interessantíssima. Interessante porque recuperou conhecimentos sobre a natureza que pareciam errados pelos critérios científicos; porque recuperou outras formas de ciência que a Ciência Moderna apagara; porque recuperou para a Ciência seu papel de conhecimento produzido pela cultura humana. Um conhecimento especial, sim, mas que, como outros conhecimentos, foi construído e inventado pelo ser humano e, portanto, cheio de idas e voltas. E daí será preciso apagar aquela imagem da Ciência como um processo de grandes descobertas de grandes gênios que pairam acima da capacidade dos *pobres mortais.*

# CAMINHOS PRIMEIROS: UMA IMAGEM NO ESPELHO DA PRÓPRIA CIÊNCIA

Todos os caminhos levam a Roma...
Todos os caminhos levam às índias...

Era uma vez uma Europa que, até o século XV, vivia apertada entre seus muros. A ocidente tinha o grande mar onde ninguém se aventurava, que para eles devia ser o limite da terra, pois acabava no vazio. A navegação até o século XIV era costeira. Ou seja, contornava-se a terra por mar, sem perder muito de vista a linha da costa. As histórias que hoje se contam sobre *vikings* que chegaram à América e chineses que navegavam em mar aberto antes de Colombo não eram nada conhecidas na época. Em compensação, ouviam-se muitas histórias de marinheiros que foram e não voltaram, provavelmente *engolidos* por algum monstro ou pelo vazio do *fim do mundo.* A oriente e a sul, espreitava o grande mundo árabe, às vezes mais de perto, às vezes mais de longe, mas sempre uma fronteira difícil de conquistar. A norte, numa época em que não havia eletricidade nem radar, e os combustíveis eram só para lamparinas, existiam os gelos eternos.

Estou contando essa história porque foi no mundo europeu, cercado por todos os lados, onde começou a fermentar as sementes da Ciência Moderna. Ninguém conseguiu até hoje provar com certeza se essas sementes da Ciência foram o que ajudou os europeus a arrebentarem seus muros e se expandirem por todo o planeta. Ou se, ao contrário, por terem começado a arrebentar os muros, eles puderam trazer, de outras partes para a Europa, as ideias (ou mesmo os materiais e o *vil metal)* com que regaram e fizeram brotar essas sementes. Começa aí o labirinto que os historiadores da ciência, dedicados aos estudos das origens da Ciência Moderna, têm de enfrentar. O século XV, que é quando essa movimentação toda para destruir muros começa a acontecer com força, foi um século de descoberta dos mais agitados na Europa. É um período de redescoberta da cultura clássica e de novas culturas.

A redescoberta começa a acontecer em grande escala quando, no meio do século XV, o Império Otomano (que era islâmico) domina Bizâncio (Império Romano Oriental, que era cristão). Os bizantinos que fogem para o ocidente europeu sabem traduzir diretamente do grego clássico para o latim. Acontece que há muitos séculos o europeu ocidental tinha desaprendido a ler grego (as traduções para o latim eram feitas a partir das traduções árabes dos textos clássicos). Entusiasmados com essa possibilidade de acesso direto à cultura clássica, os europeus iniciam um verdadeiro festival de recuperação de trabalhos perdidos ou esquecidos, e que um dia já haviam feito a glória da Europa. Essa retomada dá início ao período conhecido como Renascimento (porque *renasce* a cultura clássica), no qual vão também acabar acontecendo muitas descobertas.

Igualmente, a descoberta de novas culturas tem, de alguma forma, a ver com o abalo das fronteiras europeias com o mundo islâmico. A rota para as índias, por onde entravam as maravilhas do Oriente (sedas, porcelanas, especiarias e tudo mais) para a Europa, foi um caminho controlado pelos muçulmanos durante séculos. Os muçulmanos dominavam também uma parte da península Ibérica (Portugal e Espanha) em território europeu. Era um velho sonho da Europa cristã tomar dos muçulmanos essas fronteiras. E, se possível, estender-se para além delas, procurando um caminho próprio para as índias que lhes desse riqueza e força para competir com o mundo islâmico.

Os cristãos portugueses e espanhóis realizam esse duplo sonho até finais do século XV. A rota lusitana para as índias desce pela costa africana (descobrindo lugares por onde nenhum europeu havia pisado antes, nem mesmo os sábios antigos), cruza o oceano Índico e chega a Calcutá, na índia. A rota hispânica toma o caminho do mar aberto e, seguindo sempre para o Ocidente, chega às outras *índias:* as Américas.

De uma e de outra rota vão jorrar inúmeras novidades diante dos olhos surpresos dos europeus. Para explorar esse mundo que se abria, cheio de novas fronteiras, outros povos e tantas novidades, era também preciso descobrir uma outra forma de conhecimento: uma nova ciência. Acontece que, para alguns, essa ciência deveria nascer dos conhecimentos clássicos, da ciência dos antigos. Afinal, a redescoberta dos antigos já havia trazido muitas coisas novas e talvez fosse só adaptá-las às novidades descobertas. Para outros, porém, as novidades de um mundo com o qual os antigos não haviam nem sonhado deveriam ser conhecidas de uma forma também inteiramente nova.

Mas era difícil decidir quem estava com a razão. Por um lado, de fato, as navegações, que vão se intensificar muito no século XVI, trazem para toda a Europa cada vez mais novidades que os textos dos antigos clássicos não haviam previsto. Por exemplo, o céu do hemisfério sul, guia das novas rotas marítimas por onde outros povos europeus além dos ibéricos vão se aventurar, não constava em nenhuma carta astronômica dos antigos. Também foi descoberto que pessoas, animais e plantas existiam em número considerável nas zonas tórridas da terra (na linha do Equador), onde os sábios antigos acreditavam que, por causa do forte calor, nada pudesse viver. E das Américas chegavam notícias de povos, como os astecas, que, sem usar a roda ou instrumentos de metal (básicos para dar início às civilizações que os europeus haviam conhecido até então), conseguiram desenvolver enormes e complexas culturas. Enfim, tudo era tão inédito e diferente que, para poder entendê-lo, parecia necessário inventar uma maneira também inédita e diferente de conhecer as coisas, na qual pudesse caber tanta novidade.

Por outro lado, os velhos e bons textos dos clássicos, apesar de não mencionarem nenhuma dessas novidades, tinham servido como guias para se chegar a outras inovações igualmente importantes. Algumas delas aconteceram sem que fosse preciso sequer colocar um pé fora da Europa. Por exemplo, os pintores renascentistas serão grandes estudiosos das normas da arte clássica, mas vão a partir delas criar novas formas de olhar o mundo.

A perspectiva, entre outras, foi uma invenção deles: uma técnica para representar a profundidade de uma cena ou um objeto pintados num único plano. No fim, a perspectiva acabou sendo muito mais do que uma simples técnica de pintura. Ela foi educando as pessoas a olharem para as coisas de uma forma diferente. E, assim, hoje você olha para uma foto (que tem a superfície plana) e *enxerga* automaticamente os vários planos em que as coisas foram retratadas com a maior naturalidade do mundo. Mas não foi sempre dessa maneira. Povos tão interessantes como os chineses, os gregos e os astecas não *enxergavam* em perspectiva.

Talvez uma das maiores novidades que os textos clássicos ajudaram a produzir foi a própria descoberta da América. Parece que Colombo, lendo um desses textos, chegou à conclusão de que navegando para o Ocidente ele chegaria ao Oriente (às índias), porque a terra era redonda. E isto era algo em que poucos europeus acreditavam naquela época, mas que vários pensadores antigos já tinham imaginado. Colombo *mirou* para as índias e chegou às Américas. Erro de cálculo dos textos consultados por ele? Parece que sim. Mas foram esses mesmos textos que lhe deram a ideia da viagem que mudaria para sempre os velhos limites do mundo. Errados ou certos, mirando aqui e acertando lá, os textos dos sábios clássicos poderiam ser, pelo menos, um bom começo para um novo conhecimento.

É fácil perceber por que aqueles que retomaram o caminho iniciado pelos clássicos foram chamados de *antigos e* os que buscavam novos conhecimentos para a ciência, *modernos.* Porém, às vezes, os modernos não eram tão modernos assim nem os antigos tão antigos, mas se misturavam. É dessa maneira que, entre os séculos XVI e XVII, vai se formando a ciência moderna. E a História da Ciência? Que ligação ela tem com tudo isso? Como ela surge no meio desse emaranhado de opções? Que uso fazem dela antigos e modernos para justificar sua opção?

Normalmente, quando se fala de antigos e modernos, logo se pensa em exemplos da história da astronomia e da mecânica e em nomes *revolucionários* como Kepler, Galileu e Newton. Todavia, talvez seja uma boa ocasião para começar por um exemplo menos tradicional e possivelmente até mais adequado para se discutir a questão de antigos e modernos: a medicina do século XVI, quando surge Paracelso, uma figura das mais polêmicas do período. Acontece que a medicina na época de Paracelso é um dos exemplos mais complicados da História da Ciência. Mas, talvez até por isso mesmo, também um dos mais ricos para falar *sobre* a História da Ciência (ou pelo menos sobre como ela já era usada naquele tempo). Trata-se de um exemplo complicado na História da Ciência porque, desde os princípios da medicina clássica, discutia-se se ela era uma técnica (preocupada com as formas de curar) ou uma ciência (preocupada em teorias sobre a doença e sua ligação com outras teorias). Mais complicado ainda porque poucas áreas do conhecimento haviam avançado e se intrometido tanto no território das outras ciências. Num processo que começou muitos séculos antes de Paracelso, saberes farmacêuticos, alquímicos, astrológicos/astronômicos (que eram equivalentes), e até mineralógicos e meteorológicos, cresciam à sombra da medicina e pelas mãos de médicos.

Essa medicina exagerada – cheia de conhecimentos que, em princípio, não deveriam fazer parte, diretamente, de sua área de estudos – formava um leque de tendências as mais variadas. No século XVI, essa espécie de ciência feita de ciências nos oferece mostras que vão do caminho extremamente mais *antigo* (ligado a dois mil anos de tradição médica e filosófica) até o radicalmente mais *moderno* (que dizia não precisar dessa tradição para coisa alguma).

Este último seria um *caso extremo.* E parece ter sido o de Theophrastus Bombastus von Hohenheim alatinado autoralmente Philippus Aureolus Theaphrastus Paracelsus (c. 1490-1541), ou simplesmente Paracelso, como gostava de ser chamado aquele que rejeitou toda tradição clássica conhecida pelos europeus em medicina. Mas antes de qualquer consideração precipitada sobre como a História da Ciência entrou ou *deixou* de entrar neste caso, será necessário formar um rápido quadro de como cada um dos *casos extremos* (Paracelso *versus* dois mil anos de tradição) construiu sua medicina.

## Pausa para contar uma história *saudável*

Costuma-se dizer que a medicina considerada clássica nasceu entre os gregos, mais ou menos, entre os séculos VI e V antes de nossa era. Teria sido Hipócrates (c. 460 a.C. -?) um dos seus principais iniciadores e, séculos depois, com várias transformações e mudanças, ela passaria ao Império Romano, influenciando grandes obras médicas como a de Galeno (c. 130-201 d.C.). Também para os islâmicos, na época de ouro da sua cultura, essa forma de medicina teve a maior importância, gerando trabalhos como o de Avicena (980-1037 d.C.), cuja tradução do árabe para o latim era ainda usada pelos europeus na época de Paracelso (uma época em que só os textos originais gregos e latinos pareciam ter valor...).

Claro que essa longa tradição, que havia durado quase dois mil anos, teve muitos oponentes e inúmeras versões, variando de época para época, de cultura para cultura e, às vezes, de autor para autor. Mas, basicamente, ensinava que a saúde era produto do equilíbrio entre os quatro *humores* ou fluidos do corpo: sangue, catarro, bílis amarela e negra. Cada um desses humores era o equivalente, no organismo, aos quatro princípios materiais que – de acordo com os gregos – formavam o mundo: ar, água, fogo e terra. Os humores, assim como os princípios materiais, possuíam qualidades (quente, fria, seca e úmida) combinadas duas a duas.[1]

---

[1] As *qualidades* eram opostas duas a duas: quente a frio, seco a úmido; por isso nenhum princípio material e nenhum humor era quente e frio ou seco e úmido ao mesmo tempo. Nos textos hipocráticos, por exemplo, cada *humor* tem apenas uma

O sangue seria quente e úmido como o ar; o catarro, frio e úmido como a água; a bílis amarela, quente e seca como o fogo; e a bílis negra, fria e seca como a terra.

O aumento ou diminuição de uma *qualidade* em relação a outra num *humor,* produzindo um desequilíbrio, gerava a doença. Como a doença era um desequilíbrio interno do organismo, acreditava-se que era da natureza do próprio organismo combater tal desequilíbrio. Por exemplo, uma rápida febre ou evacuação que *queimasse* os excessos de um humor, ou líquidos e alimentos que repusessem as faltas.

Cada organismo tinha necessidades próprias, inclusive quanto à idade, ao sexo e à constituição, para recuperação e manutenção do equilíbrio. Por isso, recomendava-se dieta, exercício e condições climáticas e de sono individualizadas para auxiliar o processo de cura. Só em último caso o médico deveria intervir, forçando a eliminação de excessos com um purgante, uma sangria (flebotomia) ou ministrando remédios contrários à manifestação da doença. Por exemplo, uma doença de manifestação *quente* era sintoma de falta de *frio* no organismo; portanto, o remédio deveria ser de natureza *fria.* Da mesma forma, no caso de doenças que se manifestam *úmidas,* os remédios deveriam levar à *secura* do organismo.

Quase sempre esses remédios eram feitos de ervas e costumavam não ser muito fortes, pois, como já dissemos,

---

*qualidade,* enquanto Galeno usa uma combinação tão complexa de qualidades que chega a falar de 'Sangue com características biliáticas ou fleumáticas (de catarro)". O esquema aqui apresentado é o mais geral, apenas para que possam ser entendidas as questões também mais gerais do problema.

o objetivo era apenas auxiliar o organismo a encontrar seu próprio equilíbrio. Tal foi a medicina humoral (que deriva da palavra humor), que usava o *método dos contrários* (remédios de qualidades contrárias à manifestação da doença) para repor o equilíbrio e a saúde do organismo.

Pois bem, Paracelso rejeitou essa longa história. Aliás, fez questão de nunca contá-la, chegando mesmo a queimar livros de Galeno e Avicena em praça pública para provar que não precisava de seus ensinamentos nem de sua tradição. Para ele, a sabedoria seria encontrada apenas no livro sagrado (a Bíblia) e no *livro* da natureza (com a observação direta e atenta desta).

Segundo Paracelso, qualquer curandeiro deveria saber mais sobre as doenças que ocorriam em sua região do que os grandes doutores do passado, tão afastados no tempo e no espaço dessas realidades. Afinal, nada estava escrito nas páginas dos clássicos sobre os males que assolavam a Europa naquele período, como a sífilis (que parecia entrar pela rota das índias Ocidentais) ou os ferimentos causados por pólvora (que se tornaram comuns nos campos de batalha depois da invenção de armas portáteis no século XV).

Mais ainda Paracelso não acreditava que a pouca eficiência da medicina clássica na cura das doenças fosse só um problema de método antiquado. A própria noção de doença, pensava ele, estaria errada nesses textos. Não seria o desequilíbrio do organismo a causa da doença, mas uma agressão externa, uma espécie de envenenamento que o corpo não conseguia combater. E, para um envenenamento, nada melhor que um antídoto: uma pequena dose do próprio veneno. A ideia era dar ao corpo as mesmas armas do mal que lhe atacava, para que ele tivesse condição de vencer o combate. Portanto, *iguais curam iguais* – este era o princípio da medicina popular usada pelos curandeiros.

Paracelso acreditava que esta era a forma correta de combater e curar as doenças, e não a maneira da medicina humoral, na qual a cura viria por meio dos *contrários.*

Remédios fortes, com base em minerais (que eram considerados pelos médicos da época como venenos que deviam ser evitados), foram usados por Paracelso. Algumas vezes o doente ficava ainda mais *envenenado e* morria... mas, em outras ocasiões, doentes que pareciam incuráveis experimentavam melhora... e até cura. Doentes com sífilis, por exemplo, eram tratados com mercúrio, uma das substâncias mais tarde usada no remédio que hoje cura esse mal.

## Retomando o fio da meada

Ficou fácil, por exemplo, perceber como os antigos (aqueles ligados à medicina clássica de dois mil anos) deviam usar a história dessa tradição para justificar suas ideias. Ainda mais no século XVI, quando uma enorme quantidade das obras clássicas havia sido traduzidas (traduções das traduções árabes já faziam parte dos estudos universitários desde os séculos XII e XIII), e seu estudo fazia parte do currículo das escolas de medicina.

Grandes trabalhos em anatomia foram feitos nesse século, usando a dissecação de cadáveres, mas seguindo ideias da medicina clássica para se justificar. Entre esses trabalhos, talvez o mais notável seja o tratado *De fabrica humani corporis* (1543), feito por Andreas Vesalius (15141564), médico belga que estudou em Paris e lecionou em Pádua, figura representativa do período. Nas belíssimas ilustrações de seu *De fabrica,* Vesalius corrige alguns dos principais erros em anatomia que haviam chegado até sua época. Por exemplo, a falta de uma costela no sexo masculino (gerada pela ideia de que Adão perdera uma costela) ou a presença de cinco lóbulos no fígado humano (gerada a partir das dissecações de Galeno em fígados de porco). Apesar disso, Vesalius continuaria sendo um antigo (na nossa divisão entre antigos e modernos). Sua maior ambição no *De fabrica* era atualizar e aprimorar as obras de *mestre* Galeno. Assim, as ideias do grande médico do começo de nossa era não são criticadas mas corrigidas por Vesalius. Nas páginas do *De fabrica* essas ideias são o modelo sobre o qual Vesalius justifica seus avanços (e até seus equívocos) em relação a uma tradição médica milenar.

Nessa mesma linha, um exemplo ainda mais explícito é o de Georgius Agrícola (1494-1555) em seu *De re metallica,* publicado um ano após a sua morte. Agrícola (aliás, uma tradução latina, conforme a moda da época, de seu verdadeiro sobrenome: Bauer, ou seja, *agricultor/camponês)* fez estudos filosóficos em terras germânicas e médicos, nas italianas, fixando-se depois na região de Freiberg, então um dos distritos mineiros mais importantes da Europa central. Ali, em meio a sua prática médica, Agrícola aprendeu os segredos dos trabalhos nas minas. E digo segredos porque, até então, pouco havia sido escrito ou publicado a esse respeito.

A não ser, é claro, que consideremos os trabalhos dos grandes clássicos que, seguindo a orientação da obra de Aristóteles, costumavam dedicar uma parte de suas teorias sobre a matéria para explicar a formação dos minerais e do que chamavam *matéria subterrânea.*

Agrícola, de fato, leva em consideração esses trabalhos. E, na sequência de seus vários livros sobre o tema, que culmina com *De re metallica,* ele parte dessa tradição teórica, conta mesmo um pouco de sua história, para depois introduzir novidades. Essas novidades (ou *segredos* dos mineiros, que o público em geral não conhecia) eram as formas de encontrar e trabalhar as minas (incluindo métodos, instrumentos e gerenciamento), assim como separação e purificação dos metais e até as doenças dos mineiros. Algumas obras de Agrícola falam também das águas e dos animais subterrâneos. Mas em todas, de alguma maneira, seu diálogo com a cultura dos clássicos está presente. É como se as novidades ganhassem mais peso quando ligadas a uma longa tradição. Para Agrícola, assim como para Vesalius, os clássicos foram a base teórica de uma ciência que eles estariam ajudando a desenvolver e aprimorar com observações e práticas novas.

A história dessa ciência, sempre que contada ou mencionada por eles, justificaria suas novas ideias. As novidades por eles descobertas se encaixariam com perfeição nesse velho, longo e bom caminho do conhecimento humano: seriam seu prolongamento, sua sequência e sua consequência *natural.*

Vesalius e Agrícola são, portanto, exemplos de antigos porque retomaram caminho iniciado pelos clássicos. Mas, como a maioria dos antigos, eles não foram tão antigos assim, pois retomavam os antigos para explicar coisas realmente novas. Afinal, essa forma de pensar que tinham, essa vontade de atualizar e corrigir os clássicos era, por si mesma, algo de novo no horizonte europeu!

A história da ciência, do conhecimento e da filosofia dos clássicos não haviam servido, na Europa cristã, para falar ou justificar a transformação de coisa alguma no conhecimento: eram a própria ciência, o próprio conhecimento.

## Pausa para contar uma história às avessas

Os renascentistas não foram os primeiros a estudar os clássicos. Muito embora eles acreditassem que eram os primeiros, após dez séculos, a entender de verdade essa cultura e, portanto, os únicos que podiam fazer com que ela *renascesse*. Até inventaram o termo *Idade Média* (tempo intermediário ou tempo de espera) para dar nome, de forma meio depreciativa, a esses mil anos que eles consideravam inúteis em termos de conhecimento e que se localizava entre a *luz* da cultura greco-romana e a *luz* de sua própria cultura. Isto porque os renascentistas consideravam que os bizantinos tinham apenas *arquivado* os clássicos; os árabes haviam *corrompido* suas ideias; e os europeus medievais *mal entendido* seus textos (pois usavam quase sempre traduções) e *amarrado* suas ideias com preceitos religiosos... (o tempo revelou outra história sobre a Idade Média que vale a pena conferir).

Mas, conforme tive oportunidade de explicar anteriormente (p. 25), os medievais europeus já haviam estudado os clássicos e, pelo menos desde o século XII, um bom volume deles. Acontece que a cultura medieval europeia foi, quase sempre, uma cultura cristã, organizada pela Igreja Católica. Era, portanto, uma cultura religiosa guiada pelo texto bíblico em que estariam as verdades que deveriam ser seguidas como leis. Qualquer ideia, qualquer teoria que tivesse sido produzida *fora* dessa realidade deveria ser analisada cuidadosamente para ver se não entrava em conflito com o texto sagrado ou pelo menos deveria ser adaptada a ele. Os clássicos vindos de uma cultura pagã tinham que passar por uma espécie de seleção e *encaixe.*

Verdadeiras maravilhas e malabarismos foram praticados pelos medievais para *cristianizar* vários desses trabalhos. Desta forma, Aristóteles, o grande sábio grego do século IV a.C., sofreu uma das *obras de engenharia* de cristianização das mais complicadas. A Terra que ele considerava o centro do universo (aliás como a maioria dos gregos) foi associada à ideia bíblica de que o ser humano era o centro da criação. Daí se concluiu que ela devia ser o centro do universo, como dissera Aristóteles. Claro que sempre sobravam alguns problemas. Por exemplo, Aristóteles não dera data para o começo do mundo (aliás, não estava preocupado com nenhum tipo de cronologia sobre a formação do mundo, mas no porquê desse processo), enquanto para os cristãos a cronologia da criação era uma questão bíblica fundamental. Mesmo assim, Aristóteles fez enorme sucesso entre os medievais. Com o tempo acabou por ser chamado de *O Filósofo,* e seus textos considerados tão dentro das normas que quase eram a própria lei.

Geralmente em menor escala (porque a obra aristotélica conhecida pelos medievais teve especiais privilégios) a questão da cristianização dos clássicos girou nesse eixo. Os fatos novos eram comparados a exemplos dos textos clássicos (perdendo assim seu caráter de novidade), que por sua vez eram comparados a exemplos bíblicos que também eram verdades eternas e intocáveis. Daí que, se toda a verdade já estava na Bíblia e os textos clássicos serviam apenas para torná-la mais evidente e compreensível aos *comuns mortais,* chegamos ao ponto de partida.

Esses textos não eram vistos como um processo de conhecimento com sua história de transformações e possíveis evoluções: eles eram o próprio conhecimento, a própria ciência. Suas páginas, escritas há centenas de anos, eram avidamente consultadas à procura de respostas para problemas da época. Nas universidades, eram estudados e debatidos os sistemas de verdades dessas obras, mais do que suas questões específicas, e os currículos aumentavam com teorias clássicas em geral. Em campos como a medicina, em que, além do mais, havia também que se trabalhar os sistemas das grandes autoridades médicas do passado, esses aumentos eram um exagero. Os estudantes saíam versados numa verdadeira *ciência das ciências,* eram mais filósofos do que clínicos e (como a maioria no período) mais antigos do que os próprios antigos.

Claro que esta é uma espécie de caricatura do medievo cristão, quando algumas das mais belas obras do pensamento humano foram feitas, nem sempre sob a *ditadura* dos clássicos. Por exemplo, no século XIV, saltando as teorias aristotélicas (e até resolvendo suas questões problemáticas), um grupo de pensadores criou teses bastante originais sobre como o movimento podia continuar mesmo tendo desaparecido a causa de sua origem (a chamada teoria do ímpeto). Assim, no caso do lançamento de uma flecha (algo pouco claro em Aristóteles), o arqueiro teria imprimido certo *ímpeto* que iria se gastando até acabar. O que explicaria a gradual diminuição de movimento e a queda da flecha. Esta teoria e várias outras nesse século criaram um movimento que foi até batizado como *via nova.* Mas há que se tomar cuidado com isto. Os autores de tais teorias tinham os olhos fixos na solução de certas questões teológicas para melhor entendimento do texto sagrado, não na criação de teorias sobre a natureza simplesmente para aumentar o conhecimento humano.

Existiam, portanto, antigos verdadeiramente antigos, para quem a História servia apenas para provar quão ignorante era o ser humano sobre as verdades divinas. Mas não pense que foi só começar o movimento renascentista e, num passe de mágica, tudo mudou. Os primeiros renascentistas (também chamados humanistas) costumavam pensar que o modelo greco-romano era perfeito, e que devia ser imitado tal e qual. Nada havia a corrigir ou acrescentar se a tradução dos originais fosse *perfeita.* Alguns estudiosos dizem que teria ocorrido um deslocamento das verdades, do plano divino para o plano humano, e com isso os primeiros brotos do conhecimento humano como processo histórico. Sem dúvida, há no período uma grande valorização do conhecimento humano, mas esta questão continua difícil de resolver. Prefiro, assim, me referir aos humanistas ainda como antigos *no espelho*. Ou seja: eles gostariam de poder olhar a imagem dos clássicos e ver sua própria imagem refletida. Com o passar do tempo, a imensidão de verdades foi mudando esse enfoque. À medida que mais e mais textos antigos eram descobertos e traduzidos, foram crescendo as evidências de que, talvez, as teorias ali presentes não fossem tão perfeitas assim. Na maioria das vezes, mesmo de posse de originais completos e *bem* traduzidos, não era fácil nem direto o uso dessas teorias para entender as questões de uma Europa a cada dia mais complicada. Talvez fosse o momento de virar a História às avessas em vez de corrigir as antigas teorias...

## Retomando o fio da meada

A medicina, uma das áreas mais afetadas por essas complicações – novas doenças, novas condições para o corpo humano até de nutrição, de trabalho –, foi também uma das primeiras em que a necessidade de repensar as velhas teorias irá tomando forma. Até porque poucos deviam estar mais bem equipados para esse trabalho do que os médicos: *íntimos* dos clássicos e curiosos de áreas alheias havia séculos e séculos! Daí que Vesalius e Agrícola fossem tão bons exemplos de antigos que estão começando a se afastar da tradição.

Corrigindo e atualizando essa tradição, estão dizendo que ela não está pronta e acabada desde a época dos clássicos. Mas que os conhecimentos ali contidos podem sofrer um processo, podem ser complementados, podem se transformar com o tempo; têm uma história. Uma história que se move, aceita e justifica novas descobertas. Enfim, esses antigos nem tão antigos do século XVI, ao pensarem assim, ajudaram a criar uma das primeiras formas modernas de História da Ciência conhecida pela Europa cristã.

Agora, uma coisa era corrigir e outra bem diferente era contestar. E a medicina, como *protetora da ciência* que continuava sendo no século XVI, temia os excessos. Claro que no meio desse temor havia as autoridades religiosas (que a essa altura não eram só católicas) e até civis. Pois, zelosas de seu poder, elas estavam sempre às voltas com qualquer novidade estranha que pudesse pôr a perder a alma de seus fiéis ou a cabeça de seus pagadores de impostos...

É claro também que uma parte dessa vontade de justificar as novas ideias está relacionada ao temor de ir contra essas autoridades. Mas por sobre todo esse panorama complicado havia uma espécie de rede do pensamento. Uma forma de olhar e entender o mundo e a natureza que influía tanto sobre os reis e os bispos como sobre os médicos e os tecelões. E essa rede do pensamento que, como já foi visto, vinha de séculos e séculos na Europa cristã, estava começando a se romper em muitos pontos. Será sobre esse processo de substituição e reforma da velha rede por outras maneiras de pensar a natureza que vamos falar (e que já temos falado). Porque será neste processo que irão tomar forma as várias perspectivas da História da Ciência.

Quanto aos problemas religiosos, políticos e socioeconômicos que, sem dúvida, são muito volumosos e complicados nesse século XVI europeu, sugiro, até para que seja mais bem entendida sua importância, que você consulte a enorme bibliografia sobre esse período, feita nos dias de hoje por excelentes especialistas. Continuaremos, como já temos feito com outros períodos, introduzindo aqui e ali algumas explicações rápidas desses problemas quando eles forem diretamente ligados ao nosso tema.

Pois bem, a medicina do século XVI era a *ciência* da vida e da morte, e há muito tempo estabelecida como um dos poderes, um polo de conhecimento autorizado na Europa. Tinha, portanto, esse polo seus próprios mecanismos de defesa contra os *excessos* no conhecimento. Assim, por exemplo, um certo Dr. John Caius, humanista de algum prestígio na Inglaterra e por isso presidente do Colégio de Médicos ingleses, ordenou que fosse preso um jovem doutor de Oxford. E isto porque haviam lhe informado que o tal jovem contestava a obra de Galeno, apontando vários erros que a tornariam inválida. Dessa prisão ele só sairia quando fizesse uma retratação pública reconhecendo os *excessos* que havia cometido. Nada de *excessos* portanto... A medicina não estava preparada para mudanças radicais.

Daí, como estariam os modernos nesse quadro? Ainda mais se o moderno fosse um caso extremo como Paracelso, que, além de arrasar o conhecimento dos clássicos (chegando a queimar os livros destes), propunha sua inteira substituição pela estranhíssima *filosofia química* (uma forma de conhecimento que atingiria não só a medicina mas todas as ciências)... Seja lá pelo que tenha sido – e até hoje não se sabe qual desses dois fatos escandalizou mais o meio universitário –, o caso é que ele acabou expulso e execrado. Não havia, então, uma esperança para os modernos? A curto prazo não, mas a História se encarregou de mostrar que eles acabaram levando a melhor.

Certamente que para conseguir isso os modernos tiveram que se justificar, convencer aos demais (e às vezes a si próprios) que suas teorias valiam a pena. Uma das maneiras foi usar a História (mas claro que uma História diferente da que usavam os antigos), criando assim sua perspectiva de História da Ciência. É natural, entretanto, que alguém como Paracelso (aparentemente um moderno *radical)* não julgasse necessário introduzir nenhum tipo de história para se justificar. Ao contrário, seria melhor negar todas para que as novidades ficassem ainda mais evidentes, mais claras por elas mesmas. Talvez esteja justamente aí um dos motivos para a falta de aceitação inicial de sua teoria. E, de fato, não há sequer um *esforço* histórico em sua obra, a menos que sejam consideradas suas menções pouco honrosas aos clássicos para citar inutilidade e ignorância deles.

Isto não deixa de ser uma forma muito especial de fazer História da Ciência: falar dos *erros* do passado e assim destacar os *acertos* do presente. De certo modo já existiu essa *História da Ciência* muito peculiar. Mas isso foi na época em que a ciência moderna não precisava mais ser justificada. Além do mais, tratava-se de um trabalho *histórico* que geralmente se resumia à análise das questões lógicas e afins das teorias antigas. Era, portanto, considerada como uma forma *isenta* de tratar o passado, ou pelo menos não tão ofensiva como a de Paracelso. Outra era, na verdade, a questão histórica em Paracelso. Pois mesmo parecendo extremamente moderno ele não era tão moderno assim. Antes de mais nada, ele criticava com dureza a tradição clássica por acreditar que outra tradição – considerada na época ainda mais antiga – fosse a verdadeira: a bíblica.

O Gênese principalmente, dizia Paracelso, trazia mais verdades sobre a formação da matéria do mundo e dos humanos, por obra de Deus, do que as teorias ditas *pagãs* dos quatro elementos (água, terra, fogo e ar) e dos quatro humores (sangue, catarro, bílis amarela e negra). Agora, o mais interessante era que, depois de fazer muitos elogios aos conhecimentos da Bíblia sobre os quais deveriam se basear os novos conhecimentos observados diretamente na natureza, de fato, o modelo seguido por ele foi outro.

Paracelso usou de três princípios básicos: mercúrio, enxofre, sal (respectivamente, princípios líquido, fogoso e sólido ou espírito, alma e matéria) para explicar a natureza e o ser humano como um *destilado* desta. Acontece que a teoria do enxofre e mercúrio era uma teoria criada pelos alquimistas árabes pelo menos desde o século IX ou X para explicar os minerais. Além disso, Razes (também um famoso alquimista e médico muçulmano do século X) já havia considerado os sais como da maior importância, tendo feito um longo estudo destes. E, mais ainda, usava fórmulas com minerais na cura de seus pacientes, ajudando a criar a iatroquímica (química médica) que Paracelso dizia ter inventado... Para completar, foi Arnaldo de Villanova (1235-1311), nascido em Valência pouco depois dessa região ter sido conquistada dos árabes pelos cristãos espanhóis e muito antes de Paracelso, quem defendera e começara a fazer uso dos princípios da chamada medicina popular (iguais curam iguais).

Com tudo isto, Paracelso não só está seguindo uma antiga corrente alquímica e médica, como, também, perpetuando um velho hábito da medicina: ampliar seu campo trazendo para si outras áreas do conhecimento. Pois será partindo da alquimia e tomando empréstimos da mineralogia, da astrologia etc. que Paracelso irá construir sua visão de natureza, ser humano e saúde. Não deixou, entretanto, de ser interessante a nova obra de nosso moderno nem tão moderno. Já que ele acabaria remodelando e até dando uma nova perspectiva a conhecimentos que, por serem quase todos medievais, e principalmente árabes, teriam desaparecido em silêncio, engolidos pelo *rio* renascentista. De qualquer forma, esta história não foi contada por Paracelso. Mas será, em parte, recuperada por alguns de seus futuros seguidores, para justificar (exatamente como faziam na mesma época os antigos) as transformações que eles consideravam estar introduzindo numa antiga tradição alquímica e médica que partirá do lendário Hermes Trismegisto e do Moisés bíblico (e não de Aristóteles nem de Galeno). Como isso não vai ter nenhuma influência em Paracelso (pois seus seguidores surgem décadas após sua morte), é preferível continuar pensando nele como um moderno, ainda que sorrateiramente antigo.

Na medicina, provavelmente pela riqueza de temas que envolvia e pela complexidade de seu objeto de estudo (a saúde), o debate antigos *versus* modernos continuou animado por muito tempo. Cada vez mais uns e outros se confundiam, tornando também cada vez mais difícil distingui-los pois, de lado a lado, chegam contribuições novas e justificações antigas (embora diferentes). Tanto que, em 1631, num livro sobre águas minerais, tema na época do maior interesse tanto para a química como para a medicina, o médico inglês Edward Jorden fica a meio caminho, apesar de sua declarada intenção de pertencer aos modernos. Assim, faz críticas decididas aos clássicos, adverte sobre a necessidade de se manter uma posição independente a estes e apresenta resultados verdadeiramente modernos de suas análises sobre as águas. Mas, ao mesmo tempo, não consegue deixar de citar pesadamente os textos clássicos e acaba reconhecendo que, errados ou certos, os antigos abriram muitos caminhos sem os quais não se teria chegado à ciência daquele período.

De qualquer forma, ao longo dos séculos XVI e XVII, essa situação estará presente em quase todos os campos do conhecimento. Talvez com exemplos menos ricos em nuances do que a medicina, mas em algumas áreas de maneira mais radical. Assim, na astronomia, em que as cartas dos movimentos celestes serviam para fazer desde o mapa astral de um doente ou de todo um reino até o calendário ou ainda a rota marítima dos viajantes, a situação vai se tornar aguda. Aí existe uma quebra radical entre antigos (no caso, os que seguiam a linha tradicional da astronomia clássica) e modernos. A questão era a seguinte: Cláudio Ptolomeu, um helênico do século II d.C., partindo de alguns dos sistemas astronômicos da antiga Grécia, aprimorou-os e fez ele também um belíssimo sistema para explicar os movimentos dos céus que, com pequenas modificações, era ainda usado no século XVI.

Tratava-se de um modelo de universo geocêntrico (com a Terra no centro) como quase todos os pensadores gregos diziam que devia ser (mas veja bem, não todos...). Em volta da Terra, que era fixa, giravam as órbitas dos planetas, das estrelas *fixas* (por isso usa-se o termo firmamento), até as últimas esferas que fechavam o universo: uma esfera de cristal, que dava o limite; e outra que imprimia o movimento inicial ao sistema como um todo. Explicando de forma sofisticada os *ziguezagues* dos planetas que parecem ter movimentos de ida e volta em torno de suas órbitas, ele mantinha o movimento circular das órbitas, que era um dos critérios de perfeição dos gregos. O céu era perfeito, portanto, devia ter o movimento mais perfeito, que para eles era o circular. Além, é claro, da Terra no centro, do universo fechado e movido pelo *Primum mobile* (o primeiro *movedor*), um dos preceitos de Aristóteles que, como vimos, era um dos princlpais representantes do pensamento grego antigo.

As ideias de Ptolomeu tinham, portanto, tudo para durar. E duraram mesmo quando as posições dos corpos celestes não coincidiam com as previsões feitas por sua astronomia. Problemas com o calendário e os mapas dos navegantes foram ficando cada vez mais sérios por conta de toda a movimentação europeia desde o século XV. Mas, como o sistema de Ptolomeu era muito ligado às teorias de Aristóteles, e estas tinham virado lei na Europa, não era fácil modificar esse sistema. A questão do movimento perfeito no céu e da Terra no centro do universo, além de tudo, eram preceitos religiosos intocáveis. Mas, diferente da medicina, estava-se trabalhando com um sistema matematicamente calculado, e muito bem calculado, que quase não admitia correções. Não havia muitas possibilidades para que os antigos fizessem aos poucos correções e mudanças sem *amassar* totalmente Ptolomeu, Aristóteles e os preceitos religiosos...

Daí que aqueles que tentaram, acabaram mudando completamente o sistema do mundo. Foi um trabalho de modernos, de quebra quase total com ideias anteriores. E talvez por isso seja o campo no qual historicamente mais se buscou os heróis revolucionários da ciência moderna.

O mais interessante de tudo isso é que o movimento de ruptura com os antigos foi patrocinado pela teoria de um mais que antigo. Um superantigo que acabou se transformando numa espécie de *pai* dos modernos. Seu nome era Nicolau Copérnico (1473-1543), um contemporâneo de Paracelso. Fora um religioso polonês que havia estudado na Itália e tinha sido influenciado pelo humanismo. E ficou tão encantado com essas ideias que acabou querendo corrigir o que ele considerava um *erro* de Ptolomeu em relação às *verdadeiras* ideias clássicas. Ptolomeu explicava o *ziguezague* dos planetas por um esquema sofisticado em que a órbita continuava em movimento circular perfeito, mas o planeta não (ele fazia uma espécie de *parafuso* em torno da órbita). Pois bem, Copérnico considerava isso uma *corrupção* dos princípios clássicos. E saiu procurando uma maneira de fazer com que o próprio planeta tivesse movimento circular, portanto, que esse movimento coincidisse com o da sua órbita. A opção foi abandonar o modelo geocêntrico (com a Terra no centro), que já havia sido explorado quase ao máximo pelo sistema de Ptolomeu. Provavelmente, Copérnico encontrou sua inspiração em textos de outro ou outros clássicos (de Aristarco de Samos, um grego do século II a.C., ou textos posteriores falando sobre sua teoria), em que se dizia que o Sol (e não a Terra) era o centro do universo. Logo, se a Terra era mais um dos planetas, ela deveria girar em torno do Sol, ou seja, estava em movimento.

Esse modelo de cosmos heliocêntrico (com o Sol no centro) onde a Terra se movimentava – que até hoje é o modelo de nosso sistema planetário, embora não mais do universo – já não fora aceito na Grécia antiga. E, na época de Copérnico, foi um choque que provocou muita polêmica e fez com que a maioria dos que quisessem falar de novidades sobre este tema passassem ao lado dos modernos. Assim, Copérnico, um *superantigo,* porque queria corrigir aqueles clássicos que, no entender dele, não haviam usado corretamente as normas clássicas, acabou sendo um exemplo para os modernos. Talvez fosse o caso de buscar outros clássicos que tivessem respeitado o *verdadeiro* conhecimento da Antiguidade. Um conhecimento mais puro, que partisse de verdades mais gerais, como as matemáticas, e que pudessem em seguida ser aplicado, sem erro, sobre os fenômenos da natureza.

Desde o início do humanismo, muitos estudiosos haviam dado preferência a textos pouco explorados ou mesmo desconhecidos dos cristãos medievais. Brilhavam com especial destaque os que explicavam o universo a partir das inconfundíveis verdades matemáticas ou mesmo do poder mágico dos números. Os primeiros são seguidores de Platão, o grande geômetra grego, que apesar de ter sido mestre de Aristóteles, teve muitas teorias diferentes deste. Os segundos são seguidores de Pitágoras, sábio grego que teria vivido no século VI a.C. Entre os helênicos estas ideias muitas vezes se misturavam gerando o que se conhece por neoplatonismo e neopitagorismo.

Na virada do século XVI para o XVII, muitos julgavam que essa devia ser a solução do problema que Copérnico deixara como herança. Era preciso se afastar o mais possível de clássicos como Aristóteles e afins, e escolher outros clássicos como guia: os grandes matemáticos da Antiguidade. Eram modernos daquele gênero já conhecido nosso: nem tão modernos assim. Nessa lista estavam nomes como os de Galileu Galilei (1564-1642) e de Johannes Kepler (1571-1630).

Eles foram um tipo de moderno muito especial. De fato, eles estudaram bastante os matemáticos clássicos e se esforçaram para provar que eram herdeiros dessa tradição, justificando suas ideias a partir dela. Galileu até usou a forma de diálogo para escrever suas obras principais – um estilo platônico que influenciou muito os humanistas. E Kepler passou anos tentando fazer caber as órbitas dos planetas do modelo heliocêntrico nos polígonos regulares (figuras de lados iguais) que os antigos matemáticos diziam ser o *esqueleto* do universo.

Mas as novidades que cada um acabou descobrindo, na verdade, terminaram por implodir esse esquema de correção e acréscimo aos modelos clássicos. Pois a questão toda não foi só a de substituir a Terra pelo Sol. Uma vez posta em movimento a Terra, e sendo ela um planeta como os demais, criavam-se problemas de movimento no céu e na terra que nenhum clássico havia sequer sonhado.

Afinal, por que não caíamos da Terra se ela se movia? De que ângulo estávamos enxergando o céu, qual nosso ponto de referência? Participaríamos do movimento perfeito do céu aqui na Terra? Ou seria o movimento do céu menos perfeito do que se havia acreditado? E se fosse assim o que justificaria seu eterno movimento? Não seriam, então, os céus feitos da mesma matéria imperfeita e sujeita às mesmas mudanças que a Terra? Para responder a essas perguntas que implicavam igualar matéria e movimento na terra e no céu, foram surgindo novas leis da física, cada vez mais precisas. Até chegar à mecânica de Sir Isaac Newton (1642-1727), em que as condições para essa igualdade foram criadas matematicamente.

Como um pano de fundo pálido, cada vez mais desbotado e distante, as histórias dos matemáticos clássicos foram sendo contadas, mais como uma maneira de exibir cultura, e menos para justificar *a* linhagem antiga a que pertencem as novas ideias. Estudiosos como Galileu ou Kepler foram, portanto, o início de uma *virada* em que os modernos foram se tornando cada dia mais modernos. E o princípio do fim de uma História da Ciência que ajudou a justificar a própria ciência.

A Igreja, um dos guardiães da antiga visão da natureza e do mundo, vai fazendo entre os séculos XVI e XVII uma espécie de jogo duplo, às vezes freando, às vezes tolerando (ou até incentivando) alguns campos da ciência. Por exemplo, enquanto se discutia acaloradamente o heliocentrismo na Europa, e vários tiveram que responder a duros processos diante das autoridades da Igreja, esse sistema era ensinado pelos jesuítas missionários no Extremo Oriente como prova da superioridade do pensamento ocidental! Enquanto isso, o protestantismo se firmava e reconhecia na ciência um dos melhores aliados possíveis para garantir seu futuro. A ciência era, enfim, um projeto com futuro, e não havia grande necessidade de histórias para justificar sua existência.

Só resta dizer uma última coisa, antes de entrar na nova *fase* da História da Ciência. Na introdução foi colocada a estreita ligação entre a filosofia e a nova ciência. Aliás, uma pretendia ser a continuação da outra, já que a maioria dos grandes clássicos era filósofa. Assim também a história que foi feita nesse período para justificar a ciência que nascia era bem pouco *histórica:* foi puro exercício de filosofia. Pois nada mais filosófico do que comparar teorias para ver como uma deriva, ou derivou, da outra. E nada menos histórico do que contar uma história sem tempo, montada para dar a impressão que um renascentista do século XV poderia ser o vizinho do lado de um grego do século V a.C. Na próxima etapa, mais que nunca, a História da Ciência foi um

## O diploma de *honra ao mérito:* uma história para glorificar a ciência-rainha

apêndice da filosofia e da própria ciência, e não uma das áreas da História.

A divisão entre antigos e modernos foi se tornando cada vez mais confusa ao longo do século XVII, até praticamente desaparecer. A ciência não precisava de grandes justificativas e, quando era atacada, sua resposta mirava o futuro e não o passado. Nem todas as teorias dos então chamados filósofos naturais eram absolutamente modernas, mas a maioria indicava uma abertura para a modernidade. Se o Renascimento fora a época dos mecenas das artes (aqueles que ajudavam dando dinheiro e proteção aos artistas), agora era a época dos mecenas das ciências. Não em todos os lugares, nem em todos os momentos, mas auxiliar a nova filosofia da natureza começou a dar prestígio. Ela havia se tornado a promessa de uma nova era para a humanidade. Se os antigos espaços dedicados ao estudo, inclusive as universidades, muitas vezes resistiam a seu avanço, criavam-se mecanismos alternativos para continuar o trabalho.

Essa foi a época em que a Europa viu nascer grupos, academias e sociedades onde estava sendo gerada, de fato, a ciência moderna. Foi crescendo, então, a necessidade de atrair adeptos e conseguir porta-vozes, propagandistas que convencessem a sociedade a ter simpatia pela nova causa da ciência e lhe dessem apoio. Ficaram famosas já desde o século XVI até parte do século XVIII as demonstrações públicas de experimentos científicos curiosos ou instigantes e até mesmo polêmicos. Assim, embora não tenha sido verdade que Galileu subiu a torre de Pisa para jogar, diante de meia cidade, uma bola de ferro e outra de igual peso, de algodão, essa lenda foi criada graças à *moda* científica da época.

William Gilbert (1540-1603), médico e naturalista inglês, famoso por seus trabalhos sobre magnetismo, teria sido um dos primeiros nessa espécie de *teatro* científico, ao fazer demonstrações em praça pública tentando provar a rotação da Terra. Já no século XVII, o matemático francês Blaise Pascal (1623-1662) foi um dos vários a apresentar um grande *show* de ciência ao público: subiu e desceu uma colina, com uma grande massa de curiosos atrás dele, para medir a pressão atmosférica com o barômetro recém-descoberto. Havia uma disputa sobre a invenção do barômetro entre italianos e franceses, e o evento em que Pascal mostraria o aparelho foi divulgado pelos quatro cantos de Paris.

Como forma de divulgação, também foram surgindo obras escritas numa linguagem mais fácil para o público, em que as maravilhas da nova ciência eram apresentadas. Eram textos que tanto podiam tratar de temas astronômicos quanto médicos. A população estava igualmente interessada em saber sobre a Lua, que agora se dizia ser um satélite da Terra. Ou sobre as novas ideias a respeito do sangue circulando no corpo. Existia uma predileção especial pela parafernália de máquinas e equipamentos que estava sendo inventada ou aprimorada pelos filósofos naturais. Embora houvesse muita ignorância e analfabetismo, isso não diminuía a curiosidade pelos conhecimentos que prometiam virar o mundo de ponta-cabeça.

Assim, em alguns lugares como a Inglaterra, formavam-se grupos para que, depois do trabalho, a pessoa culta da comunidade, muitas vezes o professor ou o farmacêutico, lesse trechos dessas obras, como quem lê um conto de fadas para crianças antes de dormir. Com o tempo, textos especiais para pessoas de certa cultura mas que nada soubessem da nova ciência foram tamanho sucesso que acabaram criando obras para setores específicos desse público, tais como: ciência para damas; ciência para nobres cavalheiros rurais; ciência para artesãos etc...

Criou-se o hábito de oferecer aulas públicas regulares e, na França, onde elas foram muito concorridas, tornou-se chique assistir a essas aulas. Sem dúvida, a educação era uma das bandeiras da nova ciência e uma das suas melhores formas de propaganda. Entre os filósofos naturais havia muito empenho para que se mudasse o sistema de ensino. E, em vez do currículo cheio de textos clássicos, eles pediam que as novas formas de conhecimento sobre a natureza fossem ensinadas, o que demorou na maioria das universidades até o século XIX.

Acontece que essas novas formas de conhecimento ainda estavam sendo muito debatidas pelos filósofos naturais e precisavam ser justificadas com uma *história do futuro* e não com uma *história do passado* como se fez durante muito tempo. E a História da Ciência foi se transformando numa mistura de ficção científica (as maravilhas do futuro) com as crônicas ou relatórios do que estava sendo feito na nova ciência (as maravilhas do presente). Essa espécie de história com as *costas viradas para o passado* pode parecer estranha. Ou seja, numa o presente se justificava com o passado e, na outra, com o futuro. Certamente nenhuma das duas foi história pra valer mas, como já disse, essa era a maneira de a ciência enxergar sua própria história até o nosso século.

Essa guinada de uma história do passado para uma do futuro, que ajudaria a dar popularidade e força à nova ciência, foi prevista por um inglês de nome engraçado e ideias até um pouco estranhas: Lord Francis Bacon (1561-1626). Bacon era um diplomata que praticamente não desenvolveu nenhum trabalho específico em qualquer das novas ciências. Acreditava que a Terra era o centro do universo e chegou a estudar um pouco de magia. Quer dizer, ele tinha tudo para que os filósofos naturais não lhe dessem muita atenção. Entretanto, sua obra foi o verdadeiro programa da ciência inglesa, um dos carros-chefes da ciência europeia a partir da metade do século XVII. Nos planos de Bacon, para que a ciência se tornasse o instrumento da civilização e do bem-estar futuro da humanidade, estavam a educação, a criação de instituições, fortes o suficiente para que a ciência pudesse ser desenvolvida, até o método que ela devia seguir.

Esse método, dizia ele, não poderia ser como o dos filósofos antigos, que como *aranhas* teciam fantasias do pensamento sem nenhuma base ou uso concreto para suas ideias. Mas, também, não podia ser o do artesão, que por tentativa e erro ia como as *formigas,* empilhando dados sem conseguir tirar nenhum conhecimento geral deles. O verdadeiro *filósofo natural* devia, segundo Bacon, agir como as *abelhas,* que retiram sua matéria-prima do contato com a natureza, para depois processá-la, transformando-a em mel. As ciências deviam, portanto, ser específicas, como específicas eram as coisas e os fenômenos da natureza que cada uma tratava. Embora pudessem existir métodos comuns a todas de como obter e processar os dados que a natureza oferecia ao bom observador.

Nesse sentido, a única história que deveria existir era a história da própria natureza. Ou seja, a História Natural, formada pelas várias histórias específicas como a *História das cores,* a *História dos ventos e ares,* a *História do calor* e assim por diante. Com o tempo, todas essas histórias iriam sendo feitas e o verdadeiro conhecimento, que para ele era o conhecimento e a exploração da natureza, avançaria, trazendo a prosperidade a todos. Bacon até se dá ao luxo de prever como seria essa era futura em seu *Nova Atlântida.* Uma espécie de exercício de ficção científica antes do tempo em que essa forma literária se tornasse oficial. Ou uma epopeia moderna, em que navegantes perdidos vão parar numa terra de ouro e mel onde todas as maravilhas tenham sido conseguidas graças à ciência.

O esquema traçado por Bacon acabou repercutindo não só na Inglaterra, mas em outras partes da Europa. Principalmente no que dizia respeito à organização de grupos e instituições em que se pretendia trabalhar com a nova ciência. Já quanto ao método de Bacon, no continente europeu existiam outras formas de proceder e pensar. René Descartes (1596-1650), um dos mais importantes pensadores dessa época, via o método de maneira distinta. Não se devia, segundo ele, partir diretamente dos fenômenos da natureza se o objetivo era tirar conhecimento deles. Nossos sentidos, nossa imaginação e tantas outras coisas podiam nos enganar. Pois a razão era o ponto de partida (daí a afirmação de Descartes: *Penso, logo existo).* E a certeza última a partir da qual, de *forma clara e distinta* (ou seja, principalmente por meio da matemática), poderíamos nos aproximar dos fenômenos naturais e observá-los. O que quer dizer que Descartes propunha um método dedutivo (do raciocínio para a observação) e não indutivo (da observação para o raciocínio) como era o de Bacon.

As muitas polêmicas que aconteceram por conta dessas diferenças, apesar de serem muito estudadas pela atual História da Ciência, não vêm ao caso neste nosso estudo. O que nos interessa aqui é perceber que também Descartes, ao colocar a razão humana como ponto de partida para fazer a ciência, está dando as costas ao passado e propondo uma história do futuro. Assim, fosse qual fosse o método, a ciência produzida através dele teria uma história cada vez mais parecida com ela mesma: a história do fazer científico. É bem verdade que quando Newton fascinou o mundo intelectual com sua teoria da gravitação, ele teria dito que só chegara até aquele ponto do conhecimento porque tinha subido *sobre ombros de gigantes.* Embora hoje se discuta muito quem eram esses *gigantes* (estudos sobre as possíveis influências em Newton estão sendo feitos), seus contemporâneos acreditavam firmemente que essa referência era a estudiosos próximos. A ciência moderna, pensavam, começava à distância de uma ou duas gerações. Essa era a ciência que valia a pena para a humanidade. Milton (16281674), o poeta inglês que tão bem expressou em versos o clima da nova ciência, escreveu: "E Deus disse 'Seja Newton' e a luz se fez...". Não havia, portanto, necessidade de uma história de fato. A crônica do que estava acontecendo na ciência era suficiente para os objetivos dos filósofos naturais. Essas crônicas foram inicialmente de dois tipos básicos. Um deles incluía várias histórias naturais, relatos de experimentos e novas formas de explorar a natureza. Essa produção vinha sobretudo das sociedades e academias científicas, onde, como já foi dito, se desenvolveu inicialmente com mais força a ciência moderna. Seguindo as ideias de Lord Bacon a esse respeito, embora discordando no geral de seu método científico, estudiosos como o destacado holandês Christin Huygen (1629-1695) estimularam seus colegas a desenvolverem pesquisas para montar uma grande História Natural. A princípio, esses trabalhos formavam parte dos anais das agremiações e circulavam de um lugar a outro na correspondência de seus membros. Com o tempo (ainda no século XVII), os primeiros periódicos científicos foram sendo criados. E, claro, para o grande público que ainda devia ser conquistado e convencido sobre o valor da nova ciência, existiam versões simplificadas dessas crônicas.

O segundo tipo de crônica, ou História da Ciência, era uma espécie de história de como se desenvolviam as histórias naturais, uma *crônica das crônicas*. Assim, por exemplo, quase todas as associações científicas tinham seu cronista, que podia ser o secretário ou mesmo um literato interessado nas novas ideias. Esse cronista era encarregado de escrever uma história dos sucessos do grupo, seus feitos e suas descobertas. E, de vez em quando, era de bom-tom introduzir nessas histórias pequenas estórias sobre *antigamente,* isto é, a época em que a nova ciência não existia. Eram histórias extremamente simplificadas, algumas vezes misturando épocas e personagens lendárias a personagens reais. Ou seja, pinceladas de cultura para ilustrar ou divertir brevemente o leitor. Poderiam ser simplesmente excluídas, e a história daquele grupo ou sociedade ficaria na mesma.

Várias obras que, nessa época, tinham intenção de tratar áreas mais gerais da ciência (astronomia, mecânica etc.) usaram o mesmo esquema de crônica das associações científicas: o que interessava era unicamente o caminho trilhado pela nova ciência! Embora deva ser lembrado que exceções à regra existiram e nem todos descartaram o passado com tanta facilidade. Por exemplo, John Wilkins (1614-1672), ele próprio fundador da Sociedade Real de Londres (que teve várias histórias produzidas no estilo acima descrito), fez trabalhos sobre ciência em geral que alcançaram grande popularidade. E a tônica de sua obra é a de tentar, enquanto apresenta a nova ciência, dialogar com o passado de forma mais lúcida e ponderada do que será feito nos séculos seguintes. Do lado oposto, alguns tentavam outro tipo de *diálogo* com o passado, um diálogo ao estilo de Galileu, em que a figura de Simplício (representando o pensamento aristotélico) é completamente ridicularizada diante da nova ciência.

Mas será na química onde vai rebentar o novo ponto de ebulição. Não de maneira tão forte e devastadora como fora na astronomia e na mecânica. O século avançara e com ele a situação da filosofia natural. Mas até por isso a química queria ganhar seu espaço. E queria ser independente da medicina e se tornar também uma filosofia natural, com direito a usar seus métodos e a alcançar seus êxitos. Por isso, seus cronistas não podiam se dar ao luxo de esquecer o passado. O filósofo natural inglês Robert Boyle (1627-1691) copia, inclusive, a ideia do diálogo de Galileu em uma de suas obras mais populares sobre a nova química. Mas vai além: dinamita não só Aristóteles como Paracelso. Ele queria absoluta modernidade para sua área. Depois dele, já na virada do novo século, Hermann Boerhaave (1668-1738), um renomado médico e professor holandês, volta à carga. Chega mesmo a escrever uma história da química na qual seu repúdio ao aristotelismo e às ideias de Paracelso fica claro.

As duas crônicas têm em comum alguns pontos importantes. Ambas têm a intenção de mostrar a ignorância do passado a fim de destacar o conhecimento do presente (num momento crucial em que a química precisa muito disso). E esse modelo de crônica passará aos séculos futuros (diferentemente da de Wilkins). A segunda coisa em comum é que as duas são feitas por *químicos mecânicos.* O que será uma herança que o sucesso da mecânica acabaria deixando a todas as futuras ciências: o modelo da ciência que deu certo... E, portanto, não precisa mais nada para se justificar, nem sequer da história...

O abrasador século XVIII, século das luzes como é chamado até hoje, em que a História da Ciência quase foi *ofuscada,* está diretamente ligado a esse modelo de ciência.

## Pausa para contar uma
## pequena história *sem tempo*

A filosofia natural nascera como uma mistura de velhas formas de explorar e conhecer a natureza. Mas ao mesmo tempo era nova, porque nova era a maneira de montar e combinar esses antigos conhecimentos. Desde sempre o ser humano quis dominar e conhecer o universo. Entretanto, a exploração das novas terras, as grandes viagens e uma disputa entre as várias regiões europeias para ver quem tomaria a dianteira nesse processo exigiam que o *domínio da natureza* fosse muito bem organizado para se tornar eficiente, pois os dados eram muitos.

Essa eficiência, um dos pontos centrais da nova filosofia natural, será também um dos pontos que irá distingui-la das antigas ciências. Ela será conseguida principalmente da união de três antigas raízes. Foram elas, precisão técnica (do antigo artesão, construtor de ferramentas e explorador dos meios naturais); o poder de previsão da astronomia (em que, por meio de cálculos, podia-se prever, antecipar resultados sobre os fenômenos naturais); e a necessidade de experimentar ou testar o novo (essa tem a origem mais discutida até hoje; mas parece que as velhas práticas de laboratório dos alquimistas e as operações da ainda mais antiga magia operativa estiveram por trás disso). Precisão, previsão e experimentação gerando eficiência: esse era o *ovo de Colombo* descoberto pela nova filosofia natural.

Desde o século XVII, quando esta ciência estava em formação, já se sabia que ela era constituída pelo velho pensamento humano sendo usado de uma nova maneira. Com o tempo e a necessidade cada vez menor de justificar essa ciência, deixou de interessar se esse pensamento era grego, chinês ou afegane. Mas, também com o tempo, os pensadores dessa nova ciência começaram a acreditar que sua forma de desenvolver o pensamento humano, apesar de não ser a única, era a melhor. A melhor maneira de olhar para a natureza, a melhor maneira de arrancar seus segredos e exprimir suas verdades. E como essas verdades eram regidas por leis eternas (o Sol estava aí desde sempre; o ouro sempre reagia com a *água régia*; *o* coração sempre pulsava sangue etc. etc.), então a nova ciência era a melhor forma de entender essas verdades e explicar suas leis. Essas leis eram universais, ou seja, aconteciam em qualquer lugar, a qualquer hora. Daí que a ciência, ao descobri-las e explicá-las, fosse também universal.

Acreditando ser a base para um novo conhecimento, a ciência moderna criou para si a imagem de um edifício em construção. Já na planta podia-se saber quais as regras para sua edificação e imaginar mais ou menos qual seria sua aparência quando pronto. Cada uma das etapas desse *edifício científico* naturalmente incluía a etapa anterior, bem como indicava qual seria a etapa seguinte. Daí foi sendo criada a ideia de *acumulação* e *sequência* no conhecimento. Essa sólida construção deveria ordenar e colocar de forma cada vez mais clara as verdades sobre a natureza.

Era esperado que seu material fosse retirado das observações sobre a natureza e testado experimentalmente antes de ser colocado de forma matemática em seus muros. Por isso era solicitada precisão e coerência de seus construtores, pois a edificação deveria ser feita de forma rigorosa e lógica, sem saltos ou falhas. Também era exigido deles objetividade e isenção (ou seja, que fossem neutros ao estudar um fenômeno), pois estavam trabalhando numa edificação de verdades sistemáticas e duráveis sobre a natureza. E estas eram bem diferentes das caóticas e relativas verdades humanas.

Em compensação, os construtores do edifício científico tinham a sensação de estar no ponto mais alto e firme do conhecimento. No estágio de conhecimento em que sua época lhes havia permitido chegar, se resumia *o melhor dos saberes do passado* e *a melhor visão do futuro*.

O que garantia a continuidade acumulativa e linear dessa grande obra eram as seguintes hipóteses: 1. O ser humano tinha uma capacidade quase infinita de ir conhecendo cada vez mais e com maior precisão a natureza; 2. quando tomasse posse desses conhecimentos poderia experimentar (testar) e prever. E, assim, teria instrumentos para planejar suas intervenções na natureza, seu controle e uso desta, de maneira eficiente e organizada.

A equação *precisão, experimentação, previsão = eficiência* havia gerado o modelo da nova ciência e, agora, gerava o *edifício científico* que aproximaria o ser humano cada vez mais das verdades sobre a natureza. Por trás do aparente caos dos fenômenos, esse edifício garantia que a natureza funcionava de forma precisa, regular, previsível e unificada, como uma máquina. As mesmas leis que regiam o movimento dos planetas deviam reger os movimentos na terra. *Matéria e movimento, eis os únicos princípios universais,* dizia Boyle.

A bem da verdade, esse modelo de *mundo máquina* tinha sido retirado da mecânica. Aquele campo de conhecimento que havia rompido mais violentamente com o passado e lançado a ciência para uma nova era. E, portanto, o modelo de ciência que mais rapidamente havia dado certo e o que mais prometia sucesso futuro. Era natural que se quisesse estender esse modelo aos outros conhecimentos sobre a natureza. Afinal, a própria imagem da natureza tinha sido ajustada ao modelo da máquina.

O problema da ciência devia ser, então, estudar os *mecanismos* dos seres vivos e brutos. E aprender as leis de funcionamento, o conserto, o uso e a construção, como um bom relojoeiro aprende com seus relógios. A comparação está um pouco simplificada, mas posso garantir que grandes pensadores da nova ciência entre os séculos XVII e XVIII diziam coisas parecidas. Por isso Boyle e Boerhaave se esforçam tanto para fazer uma *química mecânica,* pois só assim ela poderia entrar para o *edifício científico.*

*A* história acabou provando, no fim das contas, que essas matrizes tão bem ajustadas à mecânica não se adequavam muito a outros estudos sobre a natureza. Esse foi o caso da química e certamente o das ciências da vida, entre elas, a medicina. Entre remendos desse modelo e adaptações a ele houve um longo processo (para umas ciências maior do que para outras), ao fim do qual a ciência se abriu para outros caminhos.

## Retomando o fio da meada

A ciência mecânica era moda na virada do século XVIII. E todos queriam participar dessa moda, lançada por Descartes mas depois trabalhada de várias maneiras por diversas correntes do pensamento. Acontece que essa *moda* tinha seus problemas.

Enquanto isso, a nova filosofia natural entrava no *Século das Luzes,* impulsionada principalmente pela física. No interior da nova ciência ocupavam um lugar central a chamada *filosofia matemática e a filosofia experimental,* e ia cada vez mais para a periferia a história natural. A *velha* História da Natureza de Lord Bacon foi mudando de sentido até se transformar em algo bem diferente ao longo do século XVIII. Uma rica e minuciosa coleção de dados sobre os três reinos da natureza (animal, vegetal e mineral), uma complexa classificação desses dados e uma interessante discussão sobre eles (diferenças, separação da matéria viva e bruta, origens da vida e até origens da terra) formavam a antiga história natural.

Mas, apesar dos debates, apesar das novas descobertas nesse campo, não havia nele a força filosófica e argumentativa da física. Explico: neste campo não havia como introduzir facilmente o modelo matemático, nem como passar com velocidade da observação à experimentação, a exemplo da física. A história natural tratava de questões intrincadas, como população de seres e coisas, ou variações enormes, difíceis de serem flagradas, como um todo, no tempo e no espaço. Portanto, era também difícil tirar dela grandes leis gerais, como na física. Para cada pequena família de animais ou plantas estudadas, para cada pesquisa sobre as idades geológicas ou sobre os minerais podia a qualquer momento surgir um contra-exemplo que desmontasse toda uma teoria.

Na segunda metade do século XVII, quando Antoni van Leeuwenhoek (1632-1723), famoso e hábil microscopista holandês, começou a enxergar as minúcias dos organismos nos microscópios, pensava-se que o enigma tinha sido resolvido. Talvez um padrão pudesse ser encontrado no aparente caos dos seres dos reinos mineral, vegetal e animal. Um padrão interno que tivesse escapado da observação a olho nu e que criasse uma relação matemática entre eles. Seria possível então fugir das comparações que geravam as eternas classificações desde a época de Aristóteles. Mas o sonho acabou rápido, o microscópio não era tão possante, ou pelo menos não era o suficiente para lançar a história natural no reino da filosofia matemática. Ela continuaria sendo história, como crônica, um longo e minucioso relato organizado pela classificação. Não obstante, a filosofia natural queria modelos e teorias matemáticas, experimentos controláveis e leis gerais.

Assim, apesar de esse século ter sido o da monumental classificação de Carl Lineo (1707-78), ou Linnaeus, como gostava de ser chamado o grande naturalista sueco, o clima do período estava mais para Newton e depois para Pierre Simon Laplace (1749-1827). Este último, um bem conhecido matemático e filósofo natural francês, fora autor de uma mecânica celeste tão perfeitamente previsora dos fenômenos que, dizia-se, não tinha necessidade nem da presença de Deus para justificar a existência do universo.

E a História da Ciência nisso tudo? Quem precisaria dela para justificar a ciência se não havia nem sequer necessidade de Deus para justificá-la? Cada vez mais tratando de problemas candentes da realidade, a ciência se entregava de corpo e alma para ser analisada pela filosofia. Que poderia a história dizer de problemas que (apesar de muitas vezes tratarem da questão espaço-temporal na física) não tinham lugar nem hora para acontecer? Eles eram universais, podiam estar ocorrendo em qualquer lugar do mundo... e em qualquer época...

Para reforçar essa sensação, mais ou menos desde o meio desse século, a indústria vai abrir seu caminho, que todos acreditavam, então, infinito para o futuro. É a noção de progresso que estará se formando aí: o caminho de ida sem volta e sem necessidade do passado. Toda uma rede tecnológica vai ligando a ciência à modernidade industrial. O que era um projeto desde o século XVI irá tornando-se realidade no século XVIII. Por exemplo, a explicação científica da calcinação de um metal, descoberta nesse século, pôde abrir perspectivas de aprimoramento das técnicas em metalurgia.

Enfim, um mundo novo estava sendo construído pela intervenção e controle da natureza. E a palavra sinônimo desse processo era a ciência. A enciclopédia francesa, que já no título tinha os nomes *ciências, técnicas e ofícios,* discutia e divulgava aos quatro cantos essas questões. Tendo também no título a expressão *dicionário raciocinado* quando alguma migalha histórica escapava, ela era rapidamente devorada por um malabarismo filosófico. Nesse período, também as obras de grandes filósofos naturais (sobretudo as de Newton) eram escritas em verso e prosa e traduzidas em várias línguas. Não há por que justificá-las; o público pede por elas. Os comentários dificilmente têm sabor de crônica histórica. São a discussão pura e simples do processo do conhecimento, e não a história deste processo.

A invasão da História da Ciência pela filosofia vinha desde o século XVI. Isso foi acontecendo de maneira cada vez mais forte. E foi pior ainda nesse período em que a ciência não precisava mais prestar contas, em que ela está para ser coroada a rainha dos saberes. Nunca a *filosofia natural* foi tão filosofia, e nunca mais na modernidade as duas ficaram tão juntas.

E no clarão dessa pura análise da razão científica a História da Ciência se tornou praticamente invisível. Na ciência desse período quase não havia espaço para se contar histórias, pois havia o sentimento de que a história estava sendo feita. Há sempre as exceções à regra, é claro. Na química do século XVIII que estava lutando por um lugar ao sol, algumas histórias foram feitas, sempre mantendo o tom da área que está se formando e quer se justificar. Tendo escrito dois desses trabalhos históricos, Antoine-François de Fourcroy (1755-1809) dizia que até bem entrado o século XVII não se havia tentado dar um tratamento filosófico à química. E, por isso, o que existia até então eram conhecimentos esparramados sobre a química. Fourcroy tentava colocar em destaque sobretudo a chamada química do oxigênio, considerada como a verdadeira introdução da área na ciência moderna. No entanto, Antoine Laurent Lavoisier (1743-94), principal descobridor dessa química, comentava que melhor seria esquecer a história quando se estivesse fazendo ou pensando a química. Ela era complicada o suficiente para que ainda por cima fossem acrescentados às suas discussões os erros do passado... Eis aí um verdadeiro representante científico do Iluminismo.

Interessante que, na virada para o novo século, na própria filosofia e na história de maneira geral estivessem sendo buscadas outras maneiras de enxergar a humanidade e seu processo histórico, completamente diferentes da visão iluminista. Mas a História da Ciência, mergulhada e quase desaparecida no corpo da ciência, conseguiu passar praticamente imune a essas ideias que marcavam época. Outro seria o sistema filosófico a reanimar a História da Ciência: o positivismo. Augusto Comte (1798-1857), seu autor, acreditava que a história podia ser dividida em três estágios: o religioso, o filosófico e, claro, por último, o glorioso estágio científico. Essas seriam as etapas do desenvolvimento humano nas quais o conhecimento teria se tornado cada vez mais preciso e modelar.

Principalmente a última etapa, em que estariam incluídas as ciências da natureza, deveria servir como modelo para todas as outras formas de conhecimento. Só assim a sociedade poderia tomar o rumo certo do desenvolvimento, que seria cientificamente planejado. O curioso é que, quando Comte lançou essas ideias nem todas as ciências tinham alcançado o estágio proposto por ele. Aliás, ele sugere caminhos que não só essas ciências como também as humanidades devem tomar para se transformarem em *verdadeiras* ciências. E até propõe uma ciência da sociedade: a sociologia. Além disso, chama a atenção para as diferenças que devem existir necessariamente entre as ciências, pois cada uma delas teria seu campo e seu objeto específico de estudo.

Num primeiro momento, essas ideias repercutem na própria ciência, embora não se possa dizer que exatamente estas ou só estas tinham traçado o rumo da ciência. E num segundo momento derivações dessas ideias refletirão sobre a História da Ciência. Senão vejamos. À medida que o século XIX avança, campos como a química, a medicina e mesmo a biologia começam a ocupar lugares próprios e até específicos na ciência moderna. E, se bem que não tenham seguido as normas do modelo mecânico, as ciências naturais puderam, cada uma a sua maneira, ir entrando no *edifício científico*. Havia pois a sensação, na segunda metade do século, que a construção não demoraria a ficar pronta. Com o tempo, a ciência seria o exemplo, a estrela guia para todos os saberes.

Os cientistas, não mais vagamente filósofos naturais, vão se especializando. E donos de campos cada vez mais específicos e complexos, irão cada vez menos permitindo que outros, sejam curiosos, filósofos ou técnicos, tenham acesso a esse conhecimento sofisticado (lembre de que sempre há exceções...). Portanto, serão eles os mais autorizados, serão eles os mais preparados para falar da sua própria área. Surge então uma espécie de cientista-filósofo ou cientista-historiador (na maioria das vezes sem saber muito de filosofia e absolutamente nada de história) que decide mostrar o glorioso caminho da ciência e/ou dar o exemplo edificante desta a novas gerações.

Na cartilha positivista, e nas várias versões trabalhadas a partir dela, rezava que uma boa reflexão histórica devia evidenciar as etapas do conhecimento humano de forma coerente. Ou seja: criando uma espécie de modelo dessa transformação ou aprimoramento. E mais, isso deveria ser feito sobre o maior número de dados empíricos possível: documentos, originais etc. Entretanto, fazer essa dupla tarefa mostrou-se difícil e, na maioria das vezes, dependendo dos documentos, impossível. Desta forma, é muito comum encontrar nesse século verdadeiras *crônicas da ciência* (no pior sentido da expressão). Um emaranhado de detalhes, minúcias não se sabe bem tiradas de onde e dados que não se sabe para onde pretendem levar o leitor são a tônica dessas obras.

Mas, naturalmente, sempre vai haver os que sabem como executar a tarefa. O destacado químico francês Marcelin Berthelot (1827-1907) publica entre 1885 e 89 a tradução de uma preciosa coleção de manuscritos alquímicos antigos. Há também longas notas e comentários feitos por ele, com os quais até se pode não concordar mas não há dúvida de sua qualidade. Por outro lado, são também desse século os manuais em História da Ciência que estariam mais bem classificados como ficção. Nenhuma documentação deve ter passado pelas mãos desses verdadeiros arquitetos de catedrais de areia. Mas seus dados que são pura fantasia, e suas histórias, que são pura lenda, serão montados com

O QUE É HISTÓRIA DA CIÊNCIA 65

tamanha coerência, que, no fim, se tem um modelo do processo histórico (pena que não tenha sido real...).

Outra vez, sempre há aqueles que souberam como fazer aparecer o modelo usando dados mais confiáveis. Assim, o físico austríaco Ernest Mach (1838-1916) irá apresentar um modelo de como teria ocorrido o desenvolvimento da ciência que foi muito respeitado, inclusive pelos cientistas do século XX. Mach procurava identificar núcleos centrais de conhecimento que teriam se mantido constantes através da história, muito embora fossem sendo aprimorados ao longo do tempo. Isso queria dizer que o conhecimento evoluía, mas em torno de verdades sobre a natureza que eram sempre as mesmas. Toda a história do conhecimento, portanto, convergia para o momento presente, que era a etapa mais aprimorada. Mach fazia, sem dúvida, uma História da Ciência bem fundamentada. Mas, por estar com os olhos firmes nas teorias do momento em que vivia, acabava selecionando só o que considerava *acertos* e *erros* do passado que de alguma forma pudessem ser ligados ao presente.

Um exemplo ainda mais primoroso, porque junta a coerência do modelo à documentação original, vai acontecer no começo do século XX. Trata-se da obra histórica e filosófica sobre a ciência realizada pelo físico francês Pierre Duhem (1861-1916). Duhem, um homem de vasta cultura, consegue encontrar e traduzir manuscritos originais antigos e medievais, como fizera Berthelot. Mas seu objetivo com este material é provar uma tese sobre o processo do conhecimento parecida com a de Mach. Só que essa tese tem a preocupação de demonstrar a continuidade nunca interrompida do processo. Com isso, pela primeira vez na História da Ciência, em época moderna, o conhecimento medieval é valorizado. E, embora Duhem tenha feito também uma história seletiva do que lhe parecia ter gerado a ciência moderna (portanto, seu objetivo continua sendo a explicação desta forma de ciência), a dívida da futura História da Ciência para com ele será eterna.

Existem estudiosos que consideram mais como filosofia da ciência do que como História da Ciência o que foi feito nesse período. Isto porque os fatos históricos serviam somente para ilustrar, muitas vezes de maneira apenas pitoresca, a discussão de como era produzido o conhecimento científico. Portanto, pura reflexão filosófica a serviço da ciência. Mas acho que eles se esquecem do valor e da definição de história que a própria ciência teve desde sua origem. Não uma história em geral, mas uma história muito especial, como especial era a própria ciência. Justificando, propagandeando, selecionando seus exemplos para a reflexão científica, essa história muito especial era uma auxiliar da ciência e nunca o contrário.

A história em geral algumas vezes havia tentado até copiar os métodos da ciência. Para que então mudar uma história que havia nascido *afiada* nesses métodos? Com isto os cientistas se esqueceram de que faziam parte de uma história maior, de que a ciência não começava em Galileu e Newton...

Mas não estaríamos cometendo agora o mesmo engano ao considerar História da Ciência só aquela que começa a ser feita por nossos *Newtons e Galileus?* Não estaríamos, inclusive, deixando de entender por que a História da Ciência tem até hoje uma cara diferente das outras formas de história?

# CAMINHOS CONTEMPORÂNEOS: ESPAÇO INDEPENDENTE DE REFLEXÃO SOBRE A CIÊNCIA

A ciência sempre foi surpreendente. Galileu teria sido aconselhado por seu pai a seguir carreira mais segura e com mais futuro do que pudessem ter as ciências em sua época. Séculos depois, quando a ciência parecia um *edifício* quase acabado, alguns professores aconselhavam a seguir outras carreiras com mais futuro do que as ciências..., onde estava tudo pronto. Assim como no primeiro caso, a história do século XX mostrou que os conselheiros do segundo também estavam enganados.

Quando tudo parecia estar se assentando, as primeiras décadas do nosso século começaram a arrebentar o edifício científico por todos os lados. Começando pela teoria da relatividade e pela quântica, e desaguando nas impressionantes teorias da genética e da' robótica, o século XX desenvolveu maneiras novas de fazer ciência. Também foi um século espremido por duas terríveis grandes guerras (e outras guerras mais...) e inúmeros desastres ambientais em que a ciência e a tecnologia pareciam sempre estar envolvidas. Estava chegando para a ciência a hora de se haver com a ética, com o público e consigo mesma. Chegou a haver momentos de extrema tensão para a ciência, em que sua respeitabilidade esteve por um fio. A ciência estava deixando de oferecer exemplos edificantes, embora continuasse tendo grande presença em quase todos os momentos da vida deste século.

Como fazer sua reavaliação? Com que critérios? De que ângulo ela deveria ser olhada? Se de dentro para fora (como vinha sendo feito havia séculos), corria-se o perigo de continuar como sempre. Se de fora para dentro, havia o risco de que a falta do conhecimento específico de seus problemas e seus critérios pudesse acabar causando mais estragos do que soluções. Por exemplo, falava-se já há muito tempo dos horrores das *químicas* com que a ciência vinha bombardeando a humanidade. Mas que *químicas* seriam essas? Se você resolvesse fechar a boca para tudo o que tem *química,* com certeza iria morrer de fome. Já que a química está presente em todo o universo, o que inclui os produtos naturais. Enfim, quem estaria preparado para fazer a crítica à ciência? E para ser seu *ouvidor* diante da sociedade?

A filosofia, sua antiga associada, ocuparia um lugar importante nesse processo. Se bem que justamente essa associação tão próxima podia trazer problemas. E a história? A história vinha sendo lembrada cada vez menos. Desde quando as novas teorias do século XX começaram a ameaçar a estrutura do edifício científico, a História da Ciência estava perdendo seu papel, já não muito grande. Havia problemas lógicos, e de tal maneira inéditos, que qualquer modelo histórico parecia de pouca ajuda para sua solução. À medida que as complicações na ciência, no correr da primeira metade do século, foram aumentando, os exemplos históricos foram diminuindo nas discussões e textos dos que estavam preocupados com a reflexão científica.

Outra vez, uma ciência preocupada com o presente não precisava de passado. E a História da Ciência foi perdendo até mesmo o pequeno papel de auxiliar que tinha junto à ciência. Ou pelo menos o pequeno papel ativo. Em departamentos e escolas de ciências velhos cientistas davam aulas de História da Ciência para estimular os jovens estudantes. Era uma espécie de prêmio para antigos professores. Pois se acreditava que ao alcançar a maturidade numa área de estudos, se alcançava também o mérito de poder falar sobre sua história. Caso semelhante acontecia com os grandes cientistas, que, como Albert Einstein, publicavam textos ou davam às vezes conferências sobre a evolução dos conceitos científicos. Mas tanto as aulas quanto os textos ou conferências eram vistos apenas como curiosidade ou até mesmo *perfumaria*. Uma forma de descanso ilustrativo para a vida dura do laboratório e da mesa de trabalho, onde a ciência acontecia de fato.

Mas a culpa para o estado em que havia chegado a História da Ciência não era exclusivamente das novidades científicas ou da crise entre ciência e sociedade. Ao contrário, tivesse a História da Ciência desenvolvido uma estrutura robusta e própria, ela seria um espaço dos mais adequados para discutir essas questões, como se viu posteriormente. Colada à ciência moderna desde seu nascimento, era difícil que ela tivesse força para dar esse salto. E sua história seria uma eterna repetição de idas e vindas, desaparecimentos e aparecimentos, conforme o ciclo e o momento da própria ciência. Essas questões já eram consideradas por alguns estudiosos desde as primeiras décadas do nosso século. Pesquisas exaustivas sobre o passado, como as de Pierre Duhem, exigiam uma continuidade. E talvez fosse necessária a formação de especialistas para melhor realizar essa tarefa.

Era preciso criar uma área profissional para a História da Ciência. A ideia era criar cursos, oferecer diplomas, começar a publicar trabalhos que seriam lidos por cientistas, mas não necessariamente produzidos por eles. Naturalmente, as pessoas que primeiro tomaram essa iniciativa vinham da ciência. Pois se acreditava que para fazer esse tipo de história era preciso um excelente conhecimento científico em primeiro lugar. Até por isso, os novos profissionais continuavam fazendo uma história à moda antiga. Eram histórias lineares e progressivas, acumulando grande número de datas e nomes importantes. Eram, enfim, histórias das grandes descobertas e dos grandes gênios científicos. As figuras de Copérnico, Galileu e Newton continuavam brilhando como exemplos maiores, pois haviam conseguido criar a ciência que serviu como modelo às demais ciências. Assim, fosse qual fosse o tópico ou o campo da ciência abordado, nomes como o de Newton acabavam aparecendo quase obrigatoriamente. O modelo da física, como um fantasma, assombrava todas as outras histórias da ciência.

Continuava havendo, por outro lado, uma busca seletiva em épocas antigas de ideias e teorias que tivessem *evoluído* até chegar à ciência moderna. Essas formas de conhecimento sobre a natureza seriam, portanto, *pré-, proto*(quase) – ou *pseudo*ciências (ciências que não eram verdadeiras). Para variar, elas serviam como exemplo dos *erros* que haviam atrapalhado o caminho até a ciência moderna. Ou ainda como exemplos dos *acertos* que levaram à ciência moderna. O caminho histórico, portanto, era um só e conduzia até a ciência moderna, pois só ela conseguiria produzir o *verdadeiro* conhecimento sobre a natureza. Documentos antigos que foram encontrados acabavam servindo sempre para colaborar com essa tese. Naturalmente porque a forma de interpretar esses documentos era sempre a mesma. Ou seja: lia-se neles o que parecia estar relacionado com a ciência moderna de algum modo e descartava-se o resto.

Esse tipo de História da Ciência foi chamado acertadamente, por uma pesquisadora contemporânea, de *História-pedigree*. Pois nela se procurava os *pais* da ciência e, quando possível, os avôs, bisavôs etc. Por exemplo, Newton seria o *pai* da física moderna; Roger Bacon (que não é o Francis Bacon, mas um inglês do século XIII), o *avô* da experimentação; Euclides (matemático grego do século IV a.C), o avô da matemática moderna. E Aristóteles era um *chato* que conseguiu atrasar, com suas teorias, em quase dois mil anos a chegada da ciência moderna... Se um historiador da medicina estudava a obra de Arnaldo de Vilanova, varria para debaixo do tapete suas possíveis obras sobre alquimia. Ou ainda, o mais comum era que essas obras

O QUE É HISTÓRIA DA CIÊNCIA 73

fossem qualificadas como *apócrifas,* ou seja, não tenham sido escritas por ele. Afinal, como poderia um médico tão brilhante ter estudado tamanha bobagem?

O mesmo acontecia com a alquimia de Newton, ou com os estudos de magia de Francis Bacon. Já em casos como o de Cláudio Ptolomeu, autor inegável de uma obra em astrologia, a desculpa era a seguinte: ou se usava o argumento de que antigamente astronomia e astrologia eram a mesma coisa (o que não deixa de ser verdade, mas não serve como justificativa para o que se pretendia); ou, pior ainda, se dizia que faltava clareza aos antigos para distinguir totalmente o errado do certo, uma clareza que só a ciência moderna iria alcançar. Mas, de preferência, sempre que possível, a imagem gloriosa dos pais e dos avós da ciência devia ser preservada.

Havia, por conta da questão de origem ou paternidade das ciências, uma distinção entre *pré-* ou *protociência* e *pseudociência.* As duas primeiras pertenciam à linhagem das ciências que haviam dado certo (portanto, se transformando em ciência moderna, depois de *separar o joio do trigo).* Esse era o caso da astrologia, que teria dado na astronomia, ou da alquimia, de onde teria saído a química etc. Já a segunda forma, ou a pseudociência, não teria dado em nada, fora apenas fruto de um engano, superstição ou mesmo ignorância do passado. Alguns tipos de magia, medicinas antigas etc. entravam para essa lista, que quase nunca era pesquisada em História da Ciência. Aqueles mais preocupados com o que era chamado *ciência positiva* preferiam nem tocar no nome de algumas dessas ciências, assim como em *pré* ou *protociências.* Era preferível discutir uma ciência *incompleta,* como a mecânica grega, que depois seria magistralmente completada pelos modernos, a uma *balbúrdia* como a alquimia.

Por trás disso, estava também a ideia de que a física (e, portanto, a mecânica) era o modelo da ciência moderna. Sabemos que a coisa toda foi diferente. Mas é preciso lembrar que quando eu conto essa história, estou oferecendo uma versão atual que demorou certo tempo para ser aceita pela História da Ciência. Assim, os precursores da ciência eram considerados aqueles que fizeram as teorias que melhor puderam ser aproveitadas pelos modernos. Grandes linhas que saíam dos gregos e chegavam ao século XVII eram traçadas. Sobre os árabes medievais, por exemplo, só interessava o que havia sido feito em astronomia, matemática e algo de medicina. Enquanto sobre civilizações como a chinesa comentava-se apenas seu avanço técnico que, diziam, infelizmente nunca pudera ser transformado em ciência. Ou seja: além de tudo, a *verdadeira* ciência vinha da teoria e não da prática.

Enfim, além de ser uma *história-pedigree,* era também uma história cuja origem estava na Europa. Apesar desse último não ter sido um problema exclusivo da História da Ciência, o produto final desta forma de história chega a ser cômico. Era como se toda a humanidade tivesse feito um concurso para ver quem chegava primeiro à ciência moderna! Ou seja, essa ciência era o destino natural inevitável do pensamento humano e, para sorte dos europeus, eles haviam chegado primeiro. Mas essa ciência pairando acima dos comuns mortais era justamente a que precisava ser criticada e trazida ao nível do fazer humano, que a história nos mostra cheio de possíveis idas e voltas, e de acasos. Assim, essa História da Ciência inicial, embora feita por profissionais, teria que mudar muito se quisesse ser chamada para participar, de fato, no debate sobre as ciências. Vejamos como isto aconteceu.

Nos primeiros trinta anos deste século, foram produzidas o que poderíamos chamar de obras monumentais de História da Ciência. Coleções às vezes de dez ou vinte volumes em que o modelo seguido era o da *história-pedigree.* George Sarton, um matemático belga de vasta cultura, foi um dos primeiros mestres dos novos historiadores da ciência. Além de ter fundado um curso, criou, em 1912, uma das primeiras revistas especializadas na área, a revista *Isis,* que, aliás, existe até hoje. Mas, como é de se imaginar, a tônica de sua obra é a *ciência positiva.* E não por acaso, seus primeiros estudantes eram especialistas em Newton. Também ele irá escrever uma obra monumental em cinco grossos volumes, destacando o papel da teoria sobre a prática e insistindo na evolução natural do pensamento através das eras. Há momentos em que ele chega a deixar explícito que a História da Ciência deve ser feita para que se conheça melhor a infância e a adolescência do conhecimento humano.

São poucas as exceções à regra nesse período e, ainda assim, de maneira relativa. Lynn Thorndike, por exemplo, escreve uma obra também monumental (oito volumes) que ele levará trinta anos para concluir (entre os anos 20 e os 50). Mas esta será uma coletânea panorâmica e riquíssima de documentos originais sobre a história da magia e da experimentação. Ou seja, ele está tentando destacar o valor de ciências que não são necessariamente teóricas e que não têm como modelo a física. Por isso o papel dos *precursores* não tem grande importância nesta obra. Apesar de que Thorndike insiste em dizer que o conhecimento progride e um exemplo disso é a ciência experimental do século XVII.

Mas não seriam essas poucas exceções o que mudaria para valer a História da Ciência a partir da década de 1930. Em primeiro lugar, os historiadores da ciência passaram por uma discussão sobre como e em que medida a ciência era influenciada por fatores sociais a sua volta. Tudo começou num congresso de História da Ciência realizado em Londres em 1931. Uma comitiva soviética tocou nesses problemas difíceis na apresentação de seus trabalhos. Os cientistas, diziam, mesmo aqueles envolvidos com ideias teóricas altamente abstratas, não tinham como deixar de ser influenciados pelo meio social. E as necessidades, proibições ou discussões desse meio acabariam se refletindo na obra científica. O próprio Newton foi usado como exemplo e o impacto sobre os jovens historiadores da ciência (principalmente os ingleses) foi muito grande. Vários trabalhos foram produzidos a partir dessas ideias, embora a noção de que há uma linha de progresso científico desde a Antiguidade tenha sido o tom de quase todas no começo. Mas também grandes e sofisticados trabalhos acabaram saindo desse meio. Joseph Needham, por exemplo, passou vinte anos na China estudando essa civilização e tentando entender que tipo de ciência ela havia produzido. Aliás, uma forma de ciência tão especial que os ocidentais nem sequer a haviam reconhecido como ciência.

Essa corrente da História da Ciência chama-se *externalista*. Ou seja: está preocupada em entender como fatores externos à ciência podem influir nesta. Ela seria o oposto ao *internalismo,* a corrente tradicional. Pois esta se preocuparia com os problemas históricos internos à ciência, ou seja, a evolução de seus conceitos e suas teorias, independente da sociedade ou do meio em que são produzidos.

O debate entre essas duas correntes foi da maior importância porque trouxe para a História da Ciência novos ângulos para poder olhar a ciência. Os cientistas começaram a ser vistos pouco a pouco como seres comuns, mesmo que brilhantes ou *inspirados.* Eles estavam sujeitos, portanto, a vários tipos de pressões e até hábitos próprios da sociedade em que vivem, o que de uma forma ou de outra estará presente em sua obra. Assim foi que, por exemplo, alguns seguidores da teoria da evolução (uma teoria das mais revolucionárias produzidas pela ciência) usaram seus trabalhos para teses completamente racistas. E não é segredo que, durante o século XIX, a questão colonial aumentara na Europa a tendência ao racismo. A ciência, portanto, não deixa de ser algo produzido por um tipo de sociedade.

Daí que o debate entre internalismo e externalismo tenha também ajudado a despertar interesse por outras formas de ciências não ocidentais, ou que pareciam não ter contribuído diretamente para a ciência moderna europeia. Trabalhos como o de Thorndike começaram a ser mais valorizados. E, graças a isso, foi possível que obras como a produzida a partir da década de 1950 pela historiadora inglesa Francês Yates sobre magia renascentista tivesse grande número de seguidores entre os historiadores da ciência. E mais ainda, trabalhos em ciência ou sobre ciência em civilizações do Extremo Oriente e do Oriente Médio são hoje uma parte importante da História da Ciência.

Mas, na verdade, não foi só a discussão sobre o papel da sociedade na ciência o que ajudou para que essas obras surgissem na História da Ciência. Para que a História da Ciência se tornasse o espaço adequado a uma reflexão sobre as muitas formas de fazer ciência em várias épocas e lugares, foi preciso romper também outro dogma: a ideia de que a ciência se desenvolve de forma continuada. Portanto, sempre progredindo e se acumulando numa só direção, que seria a direção *natural* do pensamento humano.

Apesar de ter colocado no lugar desse pensamento a sociedade como mola mestra do processo científico, o externalismo manteve a ideia de progresso e continuidade. Assim fosse através do pensamento humano (como queriam os internalistas), fosse através da sociedade (como diziam os externalistas), o caminho do conhecimento continuava sendo um só, que tinha progredido lentamente desde a Idade da Pedra até a ciência moderna europeia!

Portanto, todas as formas de ciência acabavam sendo comparadas à ciência moderna. Haveria, assim, ciências melhores e ciências piores, ciências mais completas e ciências incompletas. Mas, será que a ciência chinesa podia ser considerada incompleta só porque não tinha teorias como a de Newton? Será que a ciência da Grécia antiga podia ser considerada a infância da ciência só porque não desenvolveu os laboratórios e equipamentos dos modernos? Não seria o caso de cada uma destas ciências ter seus objetivos próprios e, portanto, ser, a seu modo, completa nela mesma?

Os indianos, por exemplo, não precisaram das ideias modernas para ter noções de tempo e espaço interessantíssimas, mais próximas da ciência contemporânea do que aquelas do século XVII europeu. Por outro lado, quanto mais se encontravam e estudavam textos antigos de ciências, menos pareciam que esses textos haviam sido feitos por proto- ou pré-cientistas. Um alquimista, por exemplo, não era um químico que não tinha dado certo. Mas isso tudo era muito difícil de explicar. Primeiro, porque envolvia uma discussão sobre o tipo de história que vinha sendo feita sobre a ciência. Uma história anacrônica, da frente para trás, em que o passado era visto como mero exemplo do presente. Segundo, porque explicar essas dificuldades poderia levar a discussão filosófica sobre como o ser humano conhece as coisas do mundo para longe do velho *porto seguro* da ciência moderna que era tão familiar.

Talvez, até por isso, um dos primeiros a se manifestar tenha sido um filósofo da ciência. Gaston Bachelard era um francês que, como tantos outros cientistas-filósofos da primeira metade do século, estava no olho do furacão gerado pelas questões científicas. E isso queria dizer, entre outras coisas, esquecer aparentemente a inútil História da Ciência. Mas Bachelard começou se perguntando, na década de 1930, se o conhecimento realmente acontecia de forma continuada e acabou chamando em seu auxílio a História da Ciência. Assim, de posse de alguns bons exemplos sobre a história do calor, da estrutura da matéria etc., ele concluiu que o conhecimento ocorria por meio de saltos. Ou seja, não era aprimorando e continuando velhos saberes que se chegava aos novos. Ao contrário, era preciso romper com a forma de pensar anterior, que tivera seus próprios objetivos e limites, para produzir outras formas de ciência. Por isso, nem o antigo mago era um pré-cientista, nem o naturalista do século XVIII, um pré-biólogo.

Havia nestas ideias a noção de que a ciência avança (ainda que de forma descontínua), e mesmo assim foi mal aceito entre os filósofos da época. Mas a questão da descontinuidade no pensamento científico estava aberta e, com ela, o papel da História da Ciência precisava ser repensado. Pois, sem um bom trabalho histórico, não se podia fazer um bom trabalho filosófico sobre a descontinuidade. Não por acaso um de seus seguidores disse que a filosofia da ciência sem a História da Ciência é cega; e que a História da Ciência sem a filosofia da ciência é inútil.

Apesar da resistência a essas ideias, nas décadas de 1940 e 1950, vários filósofos começam a ver na História da Ciência um verdadeiro laboratório para seus estudos sobre o processo do conhecimento. Esse foi o caso de Alexandre Koyré, um professor russo estabelecido em Paris que se tornou famoso por sua obra sobre as origens da ciência moderna. Segundo sua tese, existiria uma descontinuidade no conhecimento à medida que cada época partiria de diferentes *precursores*. Assim, por exemplo, os medievais teriam aceitado o aristotelismo, enquanto os renascentistas, o platonismo. Não há dúvida de que a História da Ciência ganhava espaço com isso, mas a noção de *precursores* demonstrava que a ciência vinha avançando, mesmo que de forma descontínua, desde a Antiguidade.

Nos anos 50, um grupo de historiadores ingleses tenta juntar os debates internalismo/externalismo e continuísmo/descontinuismo numa série de obras a respeito do surgimento da sociedade e da ciência moderna. Nesses trabalhos vai nascer a importante noção de revolução científica como adaptação do conceito de revolução social. Pois teria havido uma quebra no pensamento a partir do século XVII, e o papel da sociedade e sua nova forma de ver o mundo teria destaque nesse processo. Mas a ciência moderna será mantida como *o* grande avanço do pensamento humano, e o passado, muitas vezes reduzido a pó nestas obras. A noção de descontinuidade ainda exigia uma melhor definição e um maior cuidado para ser aplicada.

Também são dessa época os trabalhos de Yates, que logo vão atrair os historiadores da ciência. Mas como a questão da descontinuidade se refere a uma quebra no processo do conhecimento, ninguém melhor do que um filósofo da ciência para fazer o ajuste que faltava. Thomas S. Kuhn será personagem central, com suas ideias sobre o tema, de uma verdadeira guerra entre filósofos, mas que faria as delícias para historiadores, sociólogos, antropólogos e até cientistas, o que acabaria atraindo muitos desses especialistas para História da Ciência. Vejamos como isto ocorreu.

## Enfim: vida própria!

Boa parte dos filósofos e pensadores da ciência havia descartado a história da lista de prioridades em seus estudos. A explicação teórica para isso era que a transformação das teorias científicas deveria ser entendida dentro do contexto da justificativa, em que se analisava sua coerência e estrutura lógicas. Tratava-se de um processo acumulativo, cujo *tempo* era o tempo dos desenvolvimentos lógicos, e não o da história. Ou seja, o processo do conhecimento se desenvolvia independente do processo da história. Aliás, o processo da história vinha quase sempre atrapalhar, com suas guerras, suas histerias religiosas etc., o processo *natural do* ser humano, que era conhecer cada vez mais e melhor o universo. A história era o espaço somente da descrição do contexto das descobertas na ciência – um espaço eventual, exterior ao processo natural e lógico do conhecimento.

Para encontrar uma brecha no continuismo, alguns filósofos juntaram os dois contextos, o da justificativa e o da descoberta. Talvez até encontrassem uma explicação lógica por que as teorias não se acumulavam como mera sequência umas das outras, como no modelo de evolução científica apresentado pelo filósofo Sir Karl Popper. Um modelo que, aliás, inspirou Thomas Kuhn e toda sua geração. Mas Kuhn tinha também outras influências, talvez mais radicais em termos de descontinuismo. Assim, no começo da década de 1960, depois de uma série de outros textos, Kuhn publica a obra em que suas teses contra o continuísmo são explicadas, usando uma série de interessantes exemplos históricos.

Esse estudo terá um tom radical e apaixonante e em pouco tempo alcançará um público não especializado na reflexão filosófica da ciência. Mas que, por motivos óbvios, há tempo queria participar do debate. Certamente não será a precisão das ideias de Kuhn o que vai atrair esse público de não-filósofos e, sim, as implicações que elas lançam sobre os modelos da ciência. Assim, apesar de ter definido dos modos mais variados o termo *paradigma* (o que é visto com horror pelos filósofos), Kuhn consegue, por meio dessa noção meio vaga, justificar a descontinuidade na ciência como algo que necessariamente ocorre.

De uma forma geral (e juntando as várias definições de Kuhn), *paradigma* seria o conjunto de regras, normas, crenças, bem como teorias, etc. que direciona a ciência conforme a época e as comunidades científicas envolvidas no processo. A ciência, de fato, avançaria e se acumularia sofrendo aprimoramentos em torno de um determinado paradigma. E Kuhn chama esses períodos de ciência *normal.* Por exemplo, o modelo mecânico (modelo de mundo-máquina) poderia ser considerado como um dos paradigmas em torno dos quais a ciência se organizou por um período desde o século XVII.

Mas quando um paradigma começa a não dar conta de explicar certos fenômenos, ou suas explicações não são satisfatórias, esse paradigma vai entrar em crise. Essa crise vai gerando instabilidades que podem se transformar em verdadeiras revoluções na ciência. Durante esses períodos, que Kuhn chama de *revolucionários,* vários novos paradigmas concorrem na substituição do anterior. São paradigmas incompletos, pois ainda não incorporam a série de normas e explicações que só um paradigma estabelecido e aceito pela comunidade científica vem a ter com o passar do tempo. Por isso a escolha de um entre os vários novos paradigmas (ou *meio* paradigmas) diz Kuhn, não é tão certo e linear como os livros didáticos ou os compêndios de História da Ciência tinham feito crer. Como todos são incompletos, a escolha da comunidade vai ocorrer por motivos estéticos, emocionais, e até políticos, ou seja, razões nada lógicas entram na escolha do novo paradigma. Quando a crise passa, essa espécie de irracionalidade é esquecida. E a história, olhando para o novo paradigma já estabelecido, que parece explicar mais e melhor os fenômenos, acaba por colaborar com a impressão geral de que o conhecimento científico se acumula de uma forma continuada e *natural*.

Ledo engano, afirma Kuhn, pois o novo paradigma não explica mais nem melhor os fenômenos já explicados pelo anterior. Aliás, ele não é nem maior nem melhor do que o paradigma anterior. E aí entra uma questão que é não só do processo histórico, mas também do processo lógico do conhecimento. Porque, no processo de desmanche do antigo paradigma, não serão só suas normas, seus experimentos, e suas teorias que vão ser desmontadas, mas, muitas vezes, a própria visão dos fenômenos estudados passa a ser outra! Por exemplo, o conceito de movimento para um newtoniano não é um aprimoramento, ou um avanço, sobre o conceito de movimento que tinham os aristotélicos. Trata-se de conceitos completamente diferentes porque a visão do que fosse movimento mudou completamente. Para os aristotélicos era uma qualidade do corpo; para os newtonianos, um estado deste. Eles não têm como ser comparados, medidos um contra o outro: são *incomensuráveis.* Não se pode dizer qual é *melhor,* pois o que passou de um para outro foi apenas a palavra *movimento,* mas não o sentido e as implicações lógicas desta. Assim sendo, como numa revolução social, nas revoluções científicas, a única certeza que fica é a da mudança. Se esta mudança foi para melhor ou para pior, não será através da lógica (e quase nunca através da história) que vai se poder avaliar. Umas vezes cumprindo seus objetivos *revolucionários* iniciais melhor, outras vezes pior, a ciência *normal* avança, mais dentro de seu próprio paradigma, ou do projeto que traçou para si.

Quando este projeto é desmontado, ninguém poderá dizer para onde os novos objetivos vão levar. Porque o novo paradigma não engloba nem deriva do velho, nada nos garante a superioridade de um sobre outro. Portanto, a ciência moderna não pode ser considerada como superior à ciência antiga. Ela pode ter sido com suas máquinas, seus experimentos e suas teorias, *mais operativa sobre a natureza, mas não mais correta* do que as ciências anteriores ou as diferentes dela. Se o objetivo da ciência moderna era operar sobre a natureza, ele foi cumprido. Se o objetivo era conhecer melhor suas verdades, depende do que entendeu por *verdade* cada época e cada pensador.

Thomas Kuhn teve que justificar muito, diante de sua própria comunidade, as ideias pouco ortodoxas que havia sugerido. Até voltou atrás em algumas delas. Mas para a História da Ciência, ficava aberta a porta para vasculhar o passado e o presente numa nova busca. A busca de como cada cultura, cada comunidade científica e cada época construiu, de acordo com seus objetivos e suas formas de ver o mundo, os critérios das verdades que regeriam sua ciência. E se as ciências de várias épocas e diversas culturas teriam, cada uma, seus próprios critérios do que fosse verdadeiro ou falso, a ciência moderna deixava de ser o padrão. Tornava-se tão-só uma ciência entre muitas, nem melhor nem mais completa, apesar de sua *pujança*. A ciência moderna deveria, a partir daí, ser estudada historicamente para que se pudesse entender a constituição dos critérios que lhe deram formação.

Sem o peso da continuidade, a História da Ciência deixou de *fabricar* seus enormes compêndios, suas crônicas dos *honoráveis pais* ou precursores da ciência. Podia agora se dedicar, sem medo e com seriedade, a estudos sobre o que fora a magia, a alquimia etc. Sabendo, por exemplo, que em outras épocas e com outros critérios estas haviam sido expressões do conhecimento sobre a natureza. Puderam também ser iniciados estudos sobre ciência e sociedade. Por exemplo, as etnociências, que se dedicam a pesquisar as ciências próprias aos vários povos e culturas (principalmente aquelas que antes não eram consideradas científicas). Ou os estudos sobre gênero e ciência, que incluem a questão da ciência feita pelas e para as mulheres (ou ainda as ciências de onde elas foram, ou ainda são excluídas). Além de pesquisas sobre influências mútuas entre artes, humanidades ou técnicas, reconhecendo assim sua interação com vários fazeres humanos. Ou, ainda, pesquisas sobre ciências nacionais, difusão da ciência ou ciência colonial, em que mais

O QUE É HISTÓRIA DA CIÊNCIA

diretamente se pode observar que a ciência esteve e está mergulhada no processo histórico.

Entretanto, conforme já foi dito logo no princípio do texto, as novas pesquisas em História da Ciência não pertencem exclusivamente à história. Não falei à toa, e com tanta insistência, em *critérios* e *verdades* da ciência. Pois, atrás das várias ciências, sempre houve uma complexa rede lógica e uma vocação para criar verdades que parecem eternas mesmo que, de fato, elas dependam da época e do lugar. Por exemplo, para os pitagóricos foi uma verdade inquestionável que o universo se constituía de números, da mesma forma como nós hoje acreditamos que ele seja feito de átomos. São, enfim, questões muitos especiais, que solicitam também um tratamento muito especial. Por isso, a História da Ciência contemporânea, ao deixar de ser um mero apêndice da ciência, não se transferiu diretamente para o campo das disciplinas históricas. Pois é preciso que se olhe para a ciência de forma histórica e filosófica; mas também para a história de forma filosófica e científica; e, ainda, saber enxergar a filosofia de maneira histórica e científica para afinar os instrumentos de que se vale a História da Ciência em seu trabalho. O que transformou nos nossos dias a História da Ciência num exemplo de estudo interdisciplinar.

Assim, sem nunca abandonar o rigor filosófico e científico, a História da Ciência poder interagir com outras áreas de conhecimento, sem ter se transformado numa *colcha de retalhos*. De fato, um espaço independente para a crítica do conhecimento científico através da interdisciplinaridade.

## História da Ciência: *modos de usar*

A História da Ciência tem hoje uma vida própria e muito agitada, com dezenas de periódicos internacionais e centenas de publicações, congressos, grupos e departamentos próprios em quase todo o mundo. Mas, por ser uma área interdisciplinar, trabalha também revertendo sua pesquisa em vários campos de conhecimento e aprendendo muito sobre eles.

Existe, por exemplo, grande contato entre historiadores da ciência e educadores. Já que a História da Ciência oferece em suas pesquisas discussões interessantes sobre os vários modelos de conhecimento, o que sempre ajuda a repensar o ensino em geral. Mas, particularmente no ensino e na educação científicas, a História da Ciência tem servido como grande estímulo. No que se refere aos professores, um trabalho desenvolvido sobre a História da Ciência evita que seus alunos sejam tratados como *pequenos gregos* que devem ser transformados em *jovens Newtons.* Quanto aos estudantes, rompendo com a ladainha sobre a superioridade e a predestinação do conhecimento científico, torna-se possível sua maior participação, colocando ideias diferentes do livro-texto e dúvidas. O estudo da gênese das ideias científicas também ajuda a que se entenda melhor seus processos e convenções, evitando a velha técnica escolar de aprender de cor.

Outra área em que a História da Ciência tem participado ativamente é a do planejamento e da política científica. Em órgãos governamentais, instituições e departamentos dedicados ao planejamento e ao desenvolvimento de políticas científicas, a pesquisa em História da Ciência tem sido usada e mesmo realizada em quantidades significativas. Isso porque, ao trabalhar com modelos de desenvolvimento, a política científica tem necessidade de compreender o processo histórico e interativo da ciência com o seu meio. Torna-se, dessa forma, possível repensar certos equívocos e aproveitar experiências bem-sucedidas no passado.

Também em lugares como museus e instituições afins, a pesquisa em História da Ciência tem sido muito utilizada. Não só na organização de exposições sobre técnicas e ciências das várias culturas, como para auxiliar na recuperação de peças e obras antigas, cujo processo de elaboração é conhecido pela História da Ciência.

E, naturalmente, existe a interação entre a História da Ciência e os cientistas. Como sempre, uma parte destes continua achando que ela é bom passatempo e ainda não tomou conhecimento de que existe uma área independente em História da Ciência. Mas, cada dia mais, existem cientistas preocupados em refletir e aprender sobre os caminhos e descaminhos do conhecimento científico. E são com esses cientistas que mais acabam aprendendo os historiadores da ciência.

Para concluir, vale a pena dizer quem são afinal os historiadores da ciência. Ou seja, como são *produzidos* os que estão produzindo essa pesquisa. Antes de mais nada, apesar de ser uma área relativamente nova e sujeita a *ventos e tempestades* externas, são historiadores da ciência cada vez mais os especialistas e cada vez menos apenas os diletantes. E isso porque leva um longo tempo a formação desses profissionais. Tempo e estudo suficiente para desanimar qualquer diletante. Para começar, a pesquisa em História da Ciência se desenvolve em nível de pós-graduação. Naturalmente, se a base inicial do candidato a se tornar um historiador da ciência são as humanidades, o estudo de alguma ciência é necessário. Mas o contrário também é verdadeiro, pois os que provêm das áreas científicas deverão realizar estudos no mínimo em história e filosofia. Um bom historiador da ciência deve saber línguas. As modernas, para ter acesso à vasta bibliografia que deve percorrer. E de preferência uma ou mais línguas clássicas, para quem pretende se embrenhar nos documentos antigos.

Enfim, esta é uma receita talvez difícil de seguir e com uma possibilidade enorme de variações. Esse é o problema de querer se preparar para fazer uma pesquisa interdisciplinar de fato. Os historiadores da ciência não podem ser especialistas em generalidades, juntando um pedaço deste com um retalho daquele conhecimento. Mas, sim, uma espécie de *polímata* renascentista, com sólidos e bem-articulados conhecimentos em várias áreas. Uma espécie de mago moderno dos labirintos do conhecimento.

# INDICAÇÕES PARA LEITURA

Existe atualmente uma quantidade imensa de material bibliográfico em e sobre História da Ciência, embora apenas uma pequena em português. Vou me restringir aqui a essa pequena parte. Para uma melhor compreensão dos tipos de obras, farei uma divisão da bibliografia em três partes:

I – Livros e textos em geral, em que os pensadores apresentam suas teorias e observações sobre a natureza, cujas traduções e comentários são, quase sempre, feitos por historiadores e filósofos da ciência. Exemplos dessas obras são:

– Copérnico, N. *Commentariolus,* introd., trad. e notas de R. de A. Martins, São Paulo/Rio de Janeiro, MAST/ COPPE/ Nova Stella, 1990.

– Galilei, G. *Duas novas ciências,* introd., trad. da edição de 1638 e notas de L. Mariconda & P.R. Mariconda, São Paulo, Inst. Cult. Ítalo-Brasileiro/Nova Stella, 1985.

– Newton, J. *Principia,* trad. T. Ricci et. al. da edição inglesa de 1729, São Paulo, EDUSP/Nova Stella, 1990.

Além de várias obras desse gênero, que estão na coleção *Os Pensadores* da Abril Cultural.

II – Obras em que os cientistas refletem sobre a ciência, muitas vezes fazendo sua própria versão histórica. Por exemplo:

– Einstein, A. e L. Infield. *A evolução da física,* 3ª ed., trad. brasileira, Rio de Janeiro, Zahar, 1976.

– Heisenberg, W. *Física e Filosofia,* 2ª ed., trad. brasileira, Brasília, Ed. da UnB, 1987.

– Jacob, F. *O jogo dos possíveis,* trad. portuguesa, Lisboa, Gradiva, 1985.

– Schemberg, M. *Pensando a Física,* São Paulo, ed. pela Brasiliense em 1984 e reeditado pela Nova Stella em 1988.

III – Finalmente, trabalhos de pesquisadores especializados em História da Ciência, ou aqueles produzidos por filósofos ou sociólogos da ciência sobre o tema. Por exemplo:

– Chalmers, A. F. *O que é a ciência afinal?,* trad. brasileira, São Paulo, Brasiliense, 1993.

– D'Ambrosio, Ubiratan. *Etnomatemática.* São Paulo, Ática, 1989.

– Feyerabend, P. *Contra o método,* trad. brasileira, Rio de Janeiro, Francisco Alves, 1977.

– Gama, Ruy. *Engenho e Tecnologia.* São Paulo, Livraria Duas Cidades, 1983.

– Hill, C. *O mundo de ponta-cabeça,* trad. brasileira, São Paulo, Companhia das Letras, 1987.

— Koyré, A. *Do mundo fechado ao universo infinito,* trad. brasileira, Rio de Janeiro/São Paulo, EDUSP/Forense, 1979.

— Kuhn, T. S. *A estrutura das revoluções científicas,* 3ª ed., trad. brasileira, São Paulo, Perspectiva, 1992.

— Nascimento, C. A. *Para ler Galileu Galilei,* São Paulo, EDUC/Nova Stella, 1990.

— Rossi, P. *A ciência e a filosofia dos modernos,* trad. brasileira, São Paulo, Ed. UNESP/Inst. Cult. Ítalo-Brasileiro, 1992.

— Vargas, Milton. *Verdade e ciência.* São Paulo, Livraria Duas Cidades, 1981.

— Yates, F. A. *O iluminismo rosa-cruz,* trad. brasileira, São Paulo, Cultrix-Pensamento, 1983.

Ou ainda meu livro, *Da alquimia à Química,* São Paulo, EDUSP/Nova Stella, 1987.

Como também as coletâneas de artigos de Stephen Jay Gould, que têm saído em forma de livros pelas editoras Martins Fontes e Companhia das Letras.

Artigos em História da Ciência também podem ser encontrados em revistas como *Ciência Hoje* e *Superinteressante.* Ou ainda, em revistas de sociedades e grupos científicos que sempre reservam um espaço para o tema. Mas também existem publicações específicas como os *Cadernos de História e Filosofia da Ciência* (CLE/UNICAMP) e a *Revista da Sociedade Brasileira de História da Ciência,* além de *Perspicilium* (MAST/RJ).

# SOBRE A AUTORA

Ana Maria Alfonso-Goldfarb nasceu na Espanha e se formou em Física, dedicando-se tempo integral à História da Ciência desde 1978. Realizou seus estudos de pós-graduação sobre esse tema na Universidade de McGill (Montreal – Canadá) e na Universidade de São Paulo (sob orientação do Prof. Simão Mathias). Desde então tem feito inúmeras pesquisas e publicações sobre as origens da ciência moderna, particularmente da química (onde se inclui seu livro *Da alquimia à Química,* EDUSP/Nova Stella); mas também sobre ciência árabe e medieval (especialmente alquimia) e ciência no Brasil.

Atualmente é professora do Programa de Pós-Graduação em Comunicação e Semiótica da PUC/SP, onde existe um grupo de pesquisadores em História da Ciência desenvolvendo grande atividade e contatos no Brasil e no exterior.

Foi também graças à licença sabática a ela concedida pelo Programa de Semiótica que o presente texto pôde ser concluído e outros mais estão em fase de conclusão.